Klaus Grünwaldt

Was Menschen glauben

und was Kirche und Theologie daraus lernen

können

Klaus Grünwaldt

Was Menschen glauben

und was Kirche und Theologie

daraus lernen können

Bibliografische Information der Deutschen Nationalbibliothek: Die Deutsche Nationalbibliothek verzeichnet diese Publikation in der Deutschen Nationalbibliografie; detaillierte bibliografische Daten sind im Internet über dnb.dnb.de abrufbar.

Herstellung und Verlag:
BoD – Books on Demand, Norderstedt

ISBN: 978-3-7562-3049-5

Inhaltsverzeichnis

Vorwort

Seit mindestens 30 Jahren bemühen sich kompetente und engagierte Menschen darum, das Leben in den Kirchengemeinden attraktiver und lebendiger zu gestalten. Sie werden dabei unterstützt von den Landeskirchen, den missionarischen Diensten oder – wenn es sich um katholische Gemeinden handelt – den zuständigen Arbeitsstellen für Pastoral in den Bistümern. Begleitend gibt es eine Fülle von Angeboten, einzelne Arbeitsfelder des „Bauchladens" Gemeinde zu stärken, wie z. B. die Gemeindeberatung oder Fachstellen für Ehrenamtliche – und viele mehr.

Allen diesen Bemühungen ist eines gemeinsam: Sie zielen ganz überwiegend auf Strukturen oder Formen. Auch die jüngsten Initiativen zur Belebung des Gemeindelebens in den evangelischen Landeskirchen, die sich größtenteils an den „Erprobungsräumen" der Mitteldeutschen Kirche orientieren, zielen auf organisatorische Innovation. Die ist zweifellos wichtig, schon weil die Zahl der hauptamtlich Mitarbeitenden prozentual noch stärker zurückgeht als die Zahl der Mitglieder. Aber Innovation darf nicht beim Organisatorischen stehenbleiben.

Was mir bei den Debatten um die zukünftige Gestalt der Kirche immer zu kurz gekommen ist, sind die Inhalte, die die Kirche vermittelt. Es ist Aufgabe der Kirche, die Frohe Botschaft weiterzusagen. Aber sind wir uns darüber einig, was genau der Inhalt dieser Botschaft ist? Wie lautet genau das Evangelium, das wir weiterzusagen haben?

Hinzu kommt ein weiteres – und das ist vielleicht das Entscheidende. Die Reformation Martin Luthers war deswegen so erfolgreich, weil sie auf die brennendsten Fragen der Menschen seiner Zeit bezogen war: die Angst vor der ewigen Verdammnis. Luther hatte den Menschen zugehört, er wusste, wohin ihre Gedanken, ihre Ängste und Sehnsüchte gingen. Diese Haltung des Zuhörens wieder einzunehmen steht der Kirche gut an. Sonst geht es uns wie einem ehemaligen Kollegen: Der lehrte engagiert im Konfirmandenunterricht, bis auf einmal ein Konfirmand fragte: „Wo ist der Bus?" „Welcher Bus?", fragt der Kollege zurück. „Na, der Bus mit den Leuten, die sich dafür interessieren, was Sie hier reden."

Der römisch-katholische Bischof Klaus Hemmerle hat die Haltung, die uns nottut, in einem wunderbaren Wort zusammengefasst:

„Lass mich dich lernen, dein Denken und Sprechen, dein Fragen und Dasein, damit ich daran die Botschaft neu lernen kann, die ich dir zu überliefern habe."

Damit wir nicht Antworten auf Fragen geben, die niemand mehr stellt.

Darum fragt dieses kleine Büchlein nach dem, was Menschen glauben, was sie sich von der Kirche wünschen, wo ihre religiösen Sehnsüchte sind. Und sie fragt danach, was die Kirche tun könnte, um stärker an der Religion ihrer Mitglieder und Nicht-Mitglieder orientiert ihren Dienst zu tun.

Vielleicht gibt es ja einen Bus mit Menschen, die das interessiert.

Ich widme dieses Buch der Ev.-luth. Inselkirchengemeinde Juist. Die vielen Male, die ich dort als Urlauberpastor mit den beiden Insel-Pastorinnen, dem Kirchenmusiker, dem Team der Kirchengemeinde - vor allem aber den Urlauberinnen und Urlaubern zusammenarbeiten durfte, haben mein theologisches Denken nachhaltig geprägt.

Pfingsten 2022

Klaus Grünwaldt

0. Hinführung

Im Jahr 1978 veröffentlichte der Alttestamentler Rainer Albertz seine Habilitationsschrift „*Persönliche Frömmigkeit und offizielle Religion*", in der er den „Religionsinterne[n] Pluralismus in Israel und Babylonien" untersucht hat.[1] In dieser Studie vergleicht er die institutionalisierte, von König und Priesterschaft protegierte Religion mit der privatfamiliären Religionsausübung. Es überrascht nicht, dass er große Unterschiede zwischen beiden feststellt; immerhin weist er auch auf eine Reihe von Interdependenzen der beiden Formen hin: bis dahin, dass in manchen Zeiten – insbesondere in der Krisenzeit des Exils – die persönliche Frömmigkeit tragende Säule der Religionsausübung insgesamt gewesen ist.[2] Als Quellen für die persönliche Frömmigkeit wählt Albertz die Psalmen der Einzelnen, die theophoren[3] Personennamen und die Väter-Religion.[4] Spannend ist, dass das Buch im letzten Kapitel auch das (damals) gegenwärtige Spannungsfeld anhand der Kasualpraxis in den Blick nimmt. Damit zeigt der Theologe, dass er die Brisanz des Themas für das Verständnis gegenwärtiger Religiosität deutlich erkannt hat und dass er seine biblisch-theologische Studie als Beitrag für ein praktisch-theologisches Religionsverständnis versteht.

---

[1] Rainer Albertz, Frömmigkeit.

[2] Vgl. zur Religionsausübung im Exil auch Klaus Grünwaldt, Exil.

[3] D. h., einen Gottesnamen enthaltenden.

[4] Ob das methodisch einwandfrei ist, sei dahingestellt; immerhin ist erkennbar, dass sowohl der Psalter als auch die Genesis-Erzählungen Überarbeitungen aus Kreisen der „offiziellen Religion" erfahren haben.

Wie steht es heute um das Verhältnis von persönlicher Frömmigkeit und offizieller kirchlicher Religion in Deutschland? Ist die kirchliche Theologie, die aus den kirchlichen Schreibstuben und einer Vielzahl an Ausschüssen kommt, die in den Kirchen von den Kanzeln verkündigt oder in kirchlichen Zeitschriften publiziert wird, tatsächlich „der Glaube der Menschen"[5] in den (und außerhalb der) Gemeinden? Oder glauben die etwas ganz anderes? Welche Gottesbilder haben die Menschen? Wofür brauchen sie Religion? Wie „nutzen" sie Religion? Welche Erfahrungen machen sie mit Religion? Sind die Formate der Religionsausübung, die von den Kirchen angeboten werden, und die Gestaltungsformen der Gemeinden für die Menschen hinreichend attraktiv - oder suchen sie vielleicht etwas ganz anderes?

Dass es erkennbare Unterschiede zwischen den religiösen Vorstellungen der Menschen und der kirchlichen Theologie gibt, ist evident. Das gilt auch dann, wenn man auf die Pluralität religiöser Vorstellungen hier und da hinweist: Weder die verbreiteten vielfältigen Glaubens-Vorstellungen der Menschen noch die kirchliche Theologie sind einheitliche Größen. Wenn man sie dennoch miteinander vergleichen oder aufeinander beziehen will, kommt es vor allem darauf an zu erheben, was Menschen heute glauben. Dies ist vor allem deswegen schwer zu ermitteln, weil sich persönliche Frömmigkeit bzw. persönlicher oder privater Glaube letztlich kaum methodisch überprüfbar rekonstruieren lässt. Auf mehr als

---

[5] Mir ist natürlich bewusst, dass es **den** Glauben der Menschen nicht gibt. Aus heuristischen Gründen sei der Singular hier aber gestattet.

Ausschnitte kann man sich in der Regel nicht beziehen. Dennoch will diese kleine Studie in einem ersten Schritt (I.) anhand von ausgewählten – teils zufällig gefundenen – Quellen eine Skizze gegenwärtiger persönlicher Frömmigkeit nachzeichnen:

- Im Jahr 2000 hat in Bonn das „Credo-Projekt" stattgefunden: Menschen im Umfeld der Bonner Schlosskirchen- (also Universitäts-)Gemeinde haben aufgeschrieben, was sie glauben. Die Glaubensbekenntnisse sind zusammen mit einer Analyse und weiteren Dokumenten veröffentlicht worden.[6]

- Im Rahmen des Kurses „Neu anfangen" wurden in den Gemeinden, die den Kurs durchgeführt haben, Hefte zusammengestellt, in denen Menschen sich zu ihren Glaubensvorstellungen geäußert haben – also eine Art Testimonials.[7]

- 2015-2017 haben in einer ländlichen Region im Umland von Hannover 118 Gemeindeglieder „Glaubenssplitter" formuliert.[8]

- Auf der Internetseite der EKD finden sich die „Top Ten" oder sogar die „Top Twelve" der Bibelsprüche für Taufe, Konfirmation und

---

[6] Gotthard Fermor / Reinhard Schmidt-Rost (Hg.), Glaube gefragt. Im Anschluss ist ein weiteres Projekt unter der Überschrift „Mein Paradies" durchgeführt worden: Gotthard Fermor / Reinhard Schmidt-Rost (Hg.), Mein Paradies.
[7] Herrlich bunt, Bad Gandersheim 2002; Wir sind`s, Bad Vilbel 2000; Augenblicke, Oberes Nagoldtal 2001.
[8] Evangelische Kirchengemeinden Benthe und Lenthe mit Northen und Everloh, Glaubenssplitter.

Trauung – auch dies sind gute Hinweise darauf, was Menschen glauben.[9] Aus anderen Quellen werden vergleichbare Äußerungen anlässlich von Beerdigungen ermittelt hinzugezogen.

- Im Frühjahr und Sommer 2021 hat die EKD im Rahmen der Arbeit am neuen Gesangbuch nach den Lieblingsliedern gefragt. Was sind das für Lieder und was besagt das Ergebnis dieser Umfrage über den Glauben der Teilnehmenden?

- Zu Weihnachten 2021 haben in der Hannoverschen Allgemeinen Zeitung verschiedene Menschen von ihrem Glauben erzählt – zufällig, aber durchaus eindrücklich.[10]

- Eine letzte Quelle – ob sie den Namen Quelle verdient, sei dahingestellt – ist das Kapitel über die Religion als Resonanzquelle in Hartmut Rosas entsprechender Studie. Insofern, als der Soziologe Rosa herausarbeitet, inwiefern gelebte und erfahrene Religion für alle Menschen eine Resonanzquelle sein kann, erlaube ich mir, die Ausführungen unterstützend zur Rekonstruktion persönlicher Frömmigkeit heranzuziehen.[11]

---

[9] https://www.evangelisch.de/galerien/132113/15-06-2017/taufspruch-die-zehn-beliebtesten-bibelverse; https://www.evangelisch.de/galerien/133496/20-03-2018/konfispruch-die-12-beliebtesten-bibelverse-von-konfispruchde; https://www.evangelisch.de/galerien/141672/23-01-2017/trauspruch-12-beliebte-bibelverse-fuer-die-kirchliche-trauung.

[10] Simon Benne, Was glauben Sie denn?

[11] Hartmut Rosa, Resonanz, 435-453: Die Verheißung der Religion.

Möglicherweise vermissen kundige Leser:innen die Mitgliedschaftsbefragungen der Kirchenglieder durch die EKD oder andere Umfragen zum Glauben der Menschen durch Forschungsinstitute. Das hat damit zu tun, dass hier Antworten oft vorgegeben waren (z. B. der Glaube an einen persönlichen Gott oder das Leben nach dem Tod). Das aber ist dann m. E. weniger authentisch, als wenn selbst formuliert oder ausgewählt wird.

Anschließend (II.) ist darüber zu reden, welches Image solche persönliche Frömmigkeit (Volksfrömmigkeit[12], populäre Religiosität bzw. Leutetheologie[13]) hat. Zu wohl allen Zeiten hatte sie in Kreisen von Theolog:innen und Kirchenvertreter:innen Kritiker und Gegner. Wenn aus kirchlichen Stellen die Forderung kommt, dass Menschen „im Glauben sprachfähig"[14] werden müssten, setzt voraus, dass dort die Auffassung herrscht, die Menschen seien dies nicht. Die Vorstellung, die unausgesprochen hinter solchen Aussagen steht, lautet dann: Die

---

[12] Vgl. zum Begriff und dessen Problematik Kristian Fechtner, Art. Volksfrömmigkeit.

[13] Dieser Begriff scheint in der römisch-katholischen Theologie verwendet zu werden, vgl. Monika Kling-Witzenhausen, Was bewegt Suchende? Allerdings bietet der Band keine systematische Rekonstruktion solcher Theologien, auf die man sich in unserer Fragestellung beziehen könnte. Es werden in der Studie die qualitativen Interviews mit vier Personen ausgewertet. In der Auswertung spielt insbesondere das Suchen, Glauben und Zweifeln eine Rolle, dazu auch das Verhältnis zur Institution Kirche, weniger dagegen die Glaubensvorstellungen. Immerhin sagen drei von vier Personen, sie finden „Kraft bzw. Ruhe in der Natur", wichtig sei aber auch Gemeinschaft. (ebd. 140)

[14] Vgl. das Aktenstück 31 E der 23. Landessynode der Ev.-luth. Landeskirche Hannovers und der Sache nach das 7. Leuchtfeuer von „Kirche der Freiheit" – dem Impulspapier der EKD.

Menschen haben theologische und sprachliche Defizite, die kirchlicherseits behoben werden müssen. Aber ist das wirklich so?

Ins Theologische gewendet, ist hier von der theologischen Religionskritik zu handeln, namentlich vom scharfen Diktum Karl Barths „Religion ist Unglaube; Religion ist eine Angelegenheit, man muss geradezu sagen: die Angelegenheit des gottlosen Menschen."[15] Diese Religionskritik wird aktuell etwa von Ulrich Körtner reformuliert.[16] Insbesondere Spiritualität wird aus der Perspektive einer protestantischen Theologie des Wortes Gottes kritisch hinterfragt.[17]

M. E. ist bei aller Berechtigung des Drängens auf die Sache des Glaubens der Bogen insofern überspannt, als übersehen wird, dass der Glaube, der sich in gegenwärtigen Glaubensäußerungen von Nicht-Theolog:innen ausspricht, zutiefst biblisch verankert ist: Es ist ein Glaube, der unverkennbar in der biblischen Psalmen-Theologie Parallelen hat. Dies zu zeigen ist Aufgabe des dritten Teils (III.) dieser Studie.

Es folgen abschließend (IV.) Überlegungen, was dies für die praktische Arbeit der Kirchen bedeuten könnte.

---

[15] Karl Barth, Die kirchliche Dogmatik I/2, 327. Vgl. zu Barths Religionskritik zuletzt Raphaela J. Meyer zu Hörste-Bührer, Religion.
[16] Ulrich H. J. Körtner, Gottesglaube, hier insbes. 65-94.
[17] Vgl. Ulrich Körtner, Gottesglaube: „… das drängende Problem der Kirchen ist nicht der Mangel an irgendwelcher Spiritualität, sondern die Sprachnot des Glaubens". (90f)

I. Was Menschen glauben – Konturen eines Gemeindeglaubens bzw. einer Volksfrömmigkeit

„Gott trägt mich, wenn ich krank bin", schreibt Friederike aus Blankenburg am Harz. Das Bild habe ich in der Ev. Kirche St. Bartholomäus im März 2022 gefunden.

Friederikes Aussage trifft das, was Menschen glauben, ziemlich genau. Gott ist einer, der trägt, beschützt, behütet und begleitet. Darum geht es im ersten Kapitel dieses Buches.

Was glauben die Menschen? Diese Frage ist natürlich in ihrer Allgemeinheit und ihrer umfassenden Weite nicht zu beantworten. Glaube ist ebenso vielfältig wie Menschen vielfältig sind. Trotzdem gibt es Quellen, aus denen man Rückschlüsse auf Glaubensvorstellungen von Menschen ziehen kann.

I.1. Das Bonner Credo-Projekt

So haben sich der Kirchenkreis Bonn und die Rheinische Friedrich-Wilhelms-Universität Bonn in Person ihres Universitätspredigers und Professors für Praktische Theologie Reinhard Schmidt-Rost aufgemacht und „die Bonner" gefragt, was sie glauben.[18] Etwa ein Drittel der insgesamt 114 eingesandten Glaubensbekenntnisse ist veröffentlicht worden[19], andere Credos waren im Netz nachzulesen. Reinhard Schmidt-Rost hat die Glaubensbekenntnisse theologisch analysiert.[20] Dabei hat er explizit auf die Spannung zwischen persönlicher Überzeugung und gemeinschaftsstiftender Verbindlichkeit, die mit dem Begriff „Glaubensbekenntnis" angestimmt ist, hingewiesen. Drüber hinaus unterscheidet er zwischen Vertrauen als solchem und Glaubensinhalten.[21]

---

[18] Vgl. Glaube gefragt.
[19] Ebd. S. 15-38.
[20] Ebd. S. 39-57.
[21] Die Theologie fasst diese Unterscheidung in die Begriffe fides qua creditur und fides quae creditur, vgl. Wilfried Härle, Dogmatik, 29-32; Wilhelm Gräb spricht von Religion I und Religion II, vgl. Wilhelm Gräb, Predigtlehre, 144-159.

Zu den bemerkenswerten Ergebnissen zählt zunächst, dass die Personen, die sich beteiligt haben, die Kompetenz nachgewiesen haben, ein eigenes Credo zu formulieren. Bzw. anders gesagt: Die Auswertenden haben die Zeugnisse, die ihnen übergeben wurden, als kompetente Bekenntnis-Formulierungen wahr- und ernstgenommen.

Als Grundsatz stellt Schmidt-Rost fest: „Als typische inhaltliche Grundmuster lassen sich die direkte Hinwendung und Auseinandersetzung mit Gott und die Suche nach einem Grund des Lebens überhaupt bis hin zur strikten Ablehnung jeder Art von Gottesvorstellung herausarbeiten."[22] Dieser Satz macht zum einen deutlich, dass der Glaube dialogisch ausgerichtet ist, dass er im Gespräch geübt wird und dass er eine Suchbewegung ist. Zum anderen hat der Glaube mit Lebensrelevanz zu tun. Der Glaube soll mir einen festen Boden unter den Füßen vermitteln und in meinem Leben Bedeutung gewinnen. Und schließlich steht die Frage des Gottesbildes überhaupt auf dem Prüfstand: Ist es persönlich oder unpersönlich? Gibt es einen Gott oder gibt es ihn nicht?

Dass es (einen) Gott gibt und dass er eine persönliche Größe ist, meinen die meisten derer, die sich beteiligt haben. Das ist auch die Voraussetzung dafür, dass eine Beziehung zu ihm/ihr aufgebaut werden kann. Und diese Beziehung drückt sich aus in Dank, Klage und Zweifel. Nicht ganz selten sind hingegen auch unpersönliche Vorstellungen von Gott als Kraft, Energie oder auch Liebe.

---

[22] Glaube gefragt 51.

Aus naturwissenschaftlicher Perspektive werden Fragen der Möglichkeit einer Gotteserkenntnis formuliert, allerdings auch eine Art „Gottesbeweis" gewagt.

Reinhard Schmidt-Rost benennt dann noch einmal die Lebensrelevanz des Glaubens als eigenes Thema. Glaube ist immer – zumal als Bekenntnis – *persönlich verantworteter* Glaube. Der Glaube wird unter Verweis auf die eigene Biografie, und das heißt: in Bezug auf die eigene Glaubenserfahrung, im Kontext des je eigenen Lebens formuliert. „Ich glaube, dass Gott an mir und in mir alles so gestaltet hat, dass ich es sinnvoll, nutzbringend und freudebringend anwenden kann."[23]

In Bezug auf die Person Jesus Christus spricht Reinhard Schmidt-Rost von einem „quantitativ eher geringen Befund"[24]. Inhaltlich gilt: „Die Vorstellungen von Christus schildern ihn häufig als Lehrer der Tugend und des rechten Lebens. ... Der Gedanke der Erlösung kommt seltener vor".[25] Das heißt, *ein* Ergebnis des Credo-Projektes ist die Erkenntnis, dass die explizite, traditionelle und auch kirchlich gepredigte Christologie es im Glauben der Menschen heute schwer hat. Es ist Gott, der mir und meinem Leben einen guten Grund gibt. Aber es ist nicht direkt und konkret Jesus Christus, der Gekreuzigte und Auferstandene, an dem das Herz der Teilnehmer:innen des Projektes hängt.

---

[23] Glaube gefragt, 18f, Zitat aus dem Bekenntnis von Christa Hanack.
[24] Glaube gefragt, 52.
[25] Glaube gefragt, 53.

I.2. Glaubenssplitter

Diese Tendenz, die vor knapp 20 Jahren vielleicht noch überraschend gewesen sein mag, setzt sich im jüngeren Projekt der „Glaubenssplitter" fort.

Es kann hier leider keine wissenschaftliche Auswertung der Texte vorgenommen werden – eine solche wäre eine eigene Publikation wert. Immerhin sollen dennoch die Früchte einer gründlicheren Lektüre vorgestellt werden.

Der am häufigsten genannte *Ertrag* des Glaubens ist nach den Voten aus den Glaubenssplittern die Erfahrung, von Gott *behütet und beschützt* zu sein bzw. das Gefühl, dass Gott mich (behütend und bewahrend) durch das Leben begleitet. Dieses Gefühl wird sowohl von älteren Menschen beschrieben, die manchmal in längeren Geschichten Ereignisse aus ihrem Leben erzählen, in denen die Erfahrung gemacht wurde, wie Gott ihnen geholfen hat. Genauso ist dies aber auch bei vielen Jugendlichen ein Thema, wenn sie berichten, wo sie selbst, aber auch Freund:innen oder Familienmitglieder Bewahrung erfahren haben. Hin und wieder fällt der Begriff des Schutzengels.

Etwa die Hälfte der Glaubenssplitter thematisiert diese enge Verbindung von Gott und Schutz.

Damit korrespondiert zum einen, dass von vielen Menschen, die sich an dem Projekt beteiligt haben, der *erste* Artikel des Glaubensbekenntnisses herausgehoben wird. Gott ist Schöpfer, er hat die Welt gemacht, Leben geschenkt und hält die Welt in Ordnung. Dieser Aspekt wird auch von einigen Voten unterstützt, die das Thema

Glaube und Naturwissenschaft verhandeln. Dabei kommt ein Aspekt hinzu: Durch Gottes Schöpfersein erfährt die Welt und das Leben in ihr *Sinn*.

Mit dem Thema Schutz und Behütung korrespondiert dann auch das Thema *Dankbarkeit*. Menschen erfahren sich als von Gott, vom Leben, von der Natur beschenkt und bereichert und sagen Dank – in eigenen oder aus der Tradition (Bibel, Gesangbuch, neuere Lieder) entliehenen Worten.

Gott und der Glaube an ihn sind auch wichtige *Kraftquellen*. Manchmal korrespondiert die Erfahrung, von Gott Kraft zur Bewältigung des Lebens bzw. der schweren Zeiten des Lebens geschenkt bekommen zu haben, mit der Wahrnehmung Gottes nicht als Person, sondern als Kraft selbst. Allerdings ist die Zahl der Voten, die Gott nicht-personal fassen, eher klein.

Dem Gott, der mich behütet und mir Kraft gibt, kann ich *vertrauen*. Dieses Vertrauen tut gut, es entlastet. Und: Gott ist Quelle der *Hoffnung* – wobei diese Hoffnung eher unkonkret ist: Es ist nicht eine explizite Hoffnung auf ein Leben nach dem Tod. Einige Beiträge sprechen davon, dass die Schreiber:innen sich von Gott *geliebt* fühlen. Angesichts der Bedeutung, die dieses Thema in Theologie und kirchlicher Predigt hat, ist dieses relativ geringe Vorkommen der Vorstellung allerdings sehr erstaunlich.

An der christlichen Religion sind einigen derer, die sich an den Glaubenssplittern beteiligt haben, auch Auswirkungen der christlichen Religion wichtig:

- In der Gemeinde finden sie *Gemeinschaft*: eine Gemeinschaft von Menschen, die einander beistehen und in deren Nähe man sich geborgen fühlt;
- und der Glaube lässt Menschen Gutes tun, das heißt, der Glaube hat eine *ethische Dimension*, die nicht unwichtig ist.

Eine wichtige Praxis bzw. Ausdrucksform der Religion ist das *Gebet*. Gut 10 Personen geben an, dass sie (selbstverständlich) beten bzw. dass das Gebet für sie persönlich oder in ihrer Familie zum Leben dazugehört.

Die Themen Jesus Christus, Rechtfertigung und Vergebung kommen kaum vor. Etwas häufiger begegnen Äußerungen, dass man sich begnadet oder beschenkt fühlt.

Auch Fragen oder Zweifel werden ausgedrückt, insbesondere dort, wo Menschen Schweres erlebt haben bzw. wo sich die Warum-Frage aufdrängt.

Die Glaubenssplitter aus den dörflichen Gemeinden im Umland Hannovers setzen noch einmal einen anderen Akzent als das Bonner Credo-Projekt dies tut. Zum einen meldet sich hier nicht nur die an der Akademiker-Kirche versammelte Gemeinde zu Wort, sondern eine sowohl soziologisch als auch vom Alter her gut durchmischte Gruppe von Menschen. Kurz gesagt: Wenn auch diese Glaubenssplitter nicht als repräsentativ gelten können, sind sie doch repräsentativer als die Äußerungen im Credo-Projekt. Zum anderen sind die Voten nicht vom Formzwang des Glaubensbekenntnisses geprägt, wie dies beim Bonner Projekt zu erkennen war, wo die Texte nicht selten dem dreigliedrigen Aufbau (Vater – Sohn – Heiliger Geist) nachempfunden waren. Menschen haben hier freier formuliert und aufgeschrieben, was sie wirklich bewegt. Insofern darf man sehr dankbar sein für diese Publikation und hoffen, dass sie breitere Aufmerksamkeit findet und auch einmal systematischer ausgewertet werden kann als das im Rahmen dieser Publikation möglich ist.

I.3. Neu anfangen

Die persönlichen und authentischen Statements von Teilnehmerinnen und Teilnehmern an den Kursen „Neu anfangen"[26] geben ein ganz ähnliches Bild wieder. Obwohl sie aus verschiedenen Gegenden Deutschlands kommen – mit unterschiedlichen religiösen Prägungen –, ähneln sich doch die Aussagen im Hinblick darauf, was der Glaube bedeutet. Gott wird als Begleiter erfahren (Bastian, 21) und der eigene Glaube von der älteren Elisabeth Kroner im Lied „Bis hierher hat mich Gott gebracht" wiedergefunden. Der Bauingenieur Fritz Schröder fühlt sich „von Christus gehalten"; Muriel (15) spürt, wenn sie allein ist, Gottes Gegenwart und schwärmt von der Atmosphäre in Taizé[27]. Die Studentin Nicole Frank sagt: „Glaube bedeutet für mich, dass Gott in meinem Leben immer anwesend ist und mich begleitet." Sie findet Gott

---

[26] Siehe Anm. 7.

[27] Ich erwähne dies hier ausdrücklich, weil die Atmosphäre im Gottesdienst von den Befragten der Kirchgangstudie mit 81 % als wichtigster Faktor genannt wird: Liturgische Konferenz (Hg.), Kirchgangstudie 2019, S. 18. Mehr noch: „Drei der sechs erstplatzierten Items zielen auf ästhetisch-atmosphärische Aspekte ab", ebd. S. 17.

in sich. Hildegard (ca. 70) spürt im Gebet Hoffnung, Geborgenheit und Ruhe und sie ist gewiss: Gott führt und hilft weiter. Und Clara (15) weiß: Gott passt auf und ist da.

Auch in den hier zu findenden Testimonials fällt auf, dass der explizite Christusglaube, zumal in seiner Sündenvergebung und Heil vermittelnden Fokussierung, nur selten Ausdruck findet.

Schließlich weist die 2021 in der Hannoverschen Landeskirche erschienene Publikation „*Vorstellungen von Gott. Eine Expedition durch den Kontinent jugendlichen Glaubens*" in ihren authentischen Glaubensaussagen eine sehr ähnliche Tendenz auf.

I.4. Tauf-, Konfirmations- und Trausprüche

Als weitere Quelle für Volksfrömmigkeit können die Tauf-, Konfirmations- und Trausprüche angesehen werden. Die hier gewählten Bibelverse eignen sich insofern als Quellen der Erkenntnis über Glaubensvorstellungen, als Menschen aus der Bibel selbständig diejenigen Sprüche aussuchen, die ihre Hoffnungen, Wünsche, Sehnsüchte usw. zutreffend wiedergeben.

Die „Höchstplatzierten" seien hier zunächst einmal genannt und zitiert:

Taufsprüche[28]

Platz 1: Psalm 91,11(+12)
Denn er hat seinen Engeln befohlen, dass sie dich behüten auf allen deinen Wegen. (Dass sie dich auf den Händen tragen und du deinen Fuß nicht an einem Stein stößt.)

Platz 2: Philipper 4,6
Sorgt euch um nichts, sondern in allen Dingen lasst eure Bitten in Gebet und Flehen mit Danksagung vor Gott kundwerden!

Platz 3: Psalm 139,5
Von allen Seiten umgibst du mich und hältst deine Hand über mir.

Platz 4: Sprüche 2,10-11
Denn Weisheit wird in dein Herz eingehen, und Erkenntnis wird deiner Seele lieblich sein, Besonnenheit wird dich bewahren und Einsicht dich behüten.

Platz 5: 2. Timotheus 1,7
Gott hat uns nicht gegeben den Geist der Furcht, sondern der Kraft und der Liebe und der Besonnenheit.

Platz 6: Genesis 12,2
Ich will dich segnen, und du sollst ein Segen sein.

---

[28]   https://www.evangelisch.de/galerien/132113/15-06-2017/taufspruch-die-zehn-beliebtesten-bibelverse Zugriff 3. **Dezember 2020.**

Platz 7: Römer 12,21
Lass dich nicht vom Bösen überwinden, sondern überwinde das Böse mit Gutem.

Platz 8: Psalm 139,14
Ich danke dir dafür, dass ich wunderbar gemacht bin; wunderbar sind deine Werke; das erkennt meine Seele.

Platz 9: 1. Korinther 13,8a
Die Liebe hört niemals auf.

Platz 10: 1. Johannes 4,16b
Gott ist die Liebe; und wer in der Liebe bleibt, der bleibt in Gott und Gott in ihm.

Es fällt zunächst auf, dass die Sprüche dem Alten Testament (Psalmen, Sprüche, Genesis) und der neutestamentlichen Briefliteratur entspringen. Die Jesus-Überlieferung fällt ganz heraus.

Auf den drei ersten Plätzen finden sich Texte, die den Gedanken des Schutzes, der Behütung bzw. aus anderer Perspektive: der Sorge (Phil 4,6) zur Sprache bringen. Die Eltern wünschen sich, dass Gott sich (durch einen Engel) um ihr Kind kümmert und sie drücken dies durch die Wahl des Taufspruchs aus. In dieses Themenfeld gehört auch der Spruch aus der Abrahamsberufung Gen 12: der Segen. Und auch der viertplatzierte Taufspruch aus dem Proverbienbuch spricht in seiner zweiten Hälfte das Bewahren und Behüten an, verbindet es allerdings mit der (von Gott geschenkten) Weisheit und Einsicht.

Immerhin ist auch der Spruch aus dem Sprüchebuch vom Gedanken der wohltuenden Ordnung der Welt geprägt.

Das zweite Hauptthema in den Taufsprüchen ist die Liebe. Es begegnet in drei Taufsprüchen. Dabei sind die Perspektiven unterschiedlich. Zum einen drückt sich der Wunsch aus, dass die Kinder zu liebesfähigen Wesen heranwachsen (2Tim 1,7; vgl. auch Röm 12,21, der in eine ähnliche Richtung weist). 1Kor 13,8 und 1Joh 4,16 lassen sich hingegen am besten als Wunsch verstehen, dass Gott die Kinder liebt und sie liebevoll auf ihrem Lebensweg begleitet.

Schließlich begegnet auf Platz 8 Schöpfungstheologie in ihrer schönen Form: der Dankbarkeits-Aussage. Gott, der Schöpfer, hat die Welt und auch mich gut gemacht. Dafür gebührt ihm Dank.

Vergleicht man die Aussage der Taufsprüche mit der dogmatisch-kirchlichen Tauftheologie, so fällt besonders drastisch die Abwesenheit expliziter Christologie auf. Dies erstaunt umso mehr, als ja die Taufe gemäß aktueller kirchlicher Äußerungen als Eingliederung in den Leib Christi verstanden wird.[29]

---

[29] Der Entwurf der Taufagende von VELKD und UEK aus dem Jahr 2018 stellt die relevanten Zeugnisse zusammen, z. B. die Leuenberger Konkordie und die Magdeburger Erklärung anlässlich der Taufanerkennung. In letzterer heißt es: „Jesus Christus ist unser Heil. Durch ihn hat Gott die Gottferne des Sünders überwunden (Römer 5,10), um uns zu Söhnen und Töchtern Gottes zu machen. Als Teilhabe am Geheimnis von Christi Tod und Auferstehung bedeutet die Taufe Neugeburt in Jesus Christus." (ebd. S. 13)

Bei den *Konfirmationssprüchen*[30] finden sich einige Bekannte wieder.

Platz 1: Psalm 23,6
Gutes und Barmherzigkeit werden mir folgen mein Leben lang

Platz 2: Röm 12,21 s.o.

Platz 3: Epheser 4,32
Seid aber untereinander freundlich und herzlich und vergebt einer dem andern, wie auch Gott euch vergeben hat in Christus.

Platz 4: Gen 12,2 s.o.

Platz 5: 1Joh 4,16 s.o.

Platz 6: Psalm 139,5 s.o.

Platz 7: Psalm 18,30
Mit meinem Gott kann ich über Mauern springen.

Platz 8: Jesaja 55,12
Denn ihr sollt in Freuden ausziehen und im Frieden geleitet werden. Berge und Hügel sollen vor euch her frohlocken mit Jauchzen und alle Bäume auf dem Felde in die Hände klatschen.

---

[30] https://www.evangelisch.de/galerien/133496/20-03-2018/konfispruch-die-12-beliebtesten-bibelverse-von-konfispruchde?page=12

Platz 9: Johannes 16,22
Euer Herz soll sich freuen, und eure Freude soll niemand von euch nehmen.

Platz 10: 1. Samuel 16,7
Ein Mensch sieht, was vor Augen ist; der HERR aber sieht das Herz an.

Platz 11: Römer 8,28
Wir wissen aber, dass denen, die Gott lieben, alle Dinge zum Besten dienen, denen, die nach seinem Ratschluss berufen sind.

Platz 12: Johannes 15,13
Niemand hat größere Liebe als die, dass er sein Leben lässt für seine Freunde.

Man erkennt, dass sich hier zum einen Schwerpunktsetzungen aus den Taufsprüchen wiederholen. Vier der beliebtesten Taufsprüche kommen auch hier wieder vor, und zwar in der ersten Hälfte der Zwölferliste. Und auch auf Platz 1 findet sich wieder ein Psalm, der das Motiv der fürsorglichen Lebensbegleitung durch Gott herausstellt. Es zeigt sich aber auch, dass sich das Themenfeld erweitert. Die Plätze 8 und 9 stimmen das Thema der Freude an. Die Jugendlichen wünschen sich ein Leben, in dem sie sich oft freuen können. Sie wollen glücklich werden. Hier zeigt sich, dass gesamtgesellschaftlich die Suche nach dem Lebensglück die Frage nach dem gnädigen Gott, die zu Luthers Zeiten zentral war, verdrängt hat. Die Plätze 7 und 11 könnte man so deuten, als sei ausgesagt: Wer sein Leben mit Gott lebt, wird Erfolg haben. Gott hilft, Ziele zu erreichen.

Auf den Plätzen 3 und 12 wird Christus implizit oder explizit erwähnt. Der Vers aus dem Epheserbrief spricht die Jugendlichen als Gemeinschaftswesen an und hält ihnen in Erinnerung, welche (im KU gelernten) Verhaltensweisen für das weitere Leben hilfreich sind – und wo sie ihren Grund haben: Euch ist vergeben, ihr seid geliebt – darum könnt ihr auch entsprechend leben und handeln. Der Vers aus dem Johannesevangelium spricht das zentrale Geschehen des Christentums an: den Tod Jesu für seine Jünger (und uns). „So sehr liebt Gott euch!", wird den Jugendlichen hier gesagt.

Die Konfirmationssprüche erweitern die Liste der biblischen Bücher, aus denen die „Lieblingsverse" entnommen sind. Die Evangelien- und Prophetenüberlieferung werden herangezogen und auch – wie gesagt – das Feld der Themen erweitert. Eine grundsätzliche Akzentverschiebung ist aber nicht zu erkennen. Es geht weiterhin darum, wie mir der Glaube im konkreten Leben helfen kann und welche Werte aus der christlichen Tradition überzeugend sind.

Trausprüche[31]

Platz 1: Prediger 4,9-12
So ist's ja besser zu zweien als allein; denn sie haben guten Lohn für ihre Mühe. Fällt einer von ihnen, so hilft ihm sein Gesell auf. Weh dem, der allein ist, wenn er fällt!

---

[31] Trauspruch: Die 12 beliebtesten Bibelverse | evangelisch.de

Dann ist kein anderer da, der ihm aufhilft. Auch, wenn zwei beieinander liegen, wärmen sie sich; wie kann ein Einzelner warm werden? Einer mag überwältigt werden, aber zwei können widerstehen, und eine dreifache Schnur reißt nicht leicht entzwei.

Platz 2: 2. Timotheus 1,7
Gott hat uns nicht gegeben den Geist der Furcht, sondern der Kraft und der Liebe und der Besonnenheit.

Platz 3: Rut 1,16
Wo du hingehst, da will ich auch hingehen; wo du bleibst, da bleibe ich auch. Dein Volk ist mein Volk, und dein Gott ist mein Gott.

Platz 4: 1. Korinther 16,14
Alle eure Dinge lasst in der Liebe geschehen!

Platz 5: 1. Korinther 13,13
Nun aber bleiben Glaube, Hoffnung, Liebe, diese drei; aber die Liebe ist die größte unter ihnen.

Platz 6: Hebräer 10,24
Lasst uns aufeinander Acht haben und uns anreizen zur Liebe und zu guten Werken.

Platz 7: Hoheslied 8,6-7a
Lege mich wie ein Siegel auf dein Herz, wie ein Siegel auf deinen Arm. Denn Liebe ist stark wie der Tod und Leidenschaft unwiderstehlich wie das Totenreich. Ihre Glut ist feurig und eine Flamme des HERRN, sodass auch

viele Wasser die Liebe nicht auslöschen und Ströme sie nicht ertränken können.

Platz 8: 1. Johannes 3,18
Lasst uns nicht lieben mit Worten noch mit der Zunge, sondern mit der Tat und mit der Wahrheit.

Platz 9: 1. Korinther 13,8a
Die Liebe hört niemals auf.

Platz 10: Johannes 16,22
Und auch ihr habt nun Traurigkeit; aber ich will euch wiedersehen, und euer Herz soll sich freuen, und eure Freude soll niemand von euch nehmen.

Platz 11: Psalm 85,11
Dass Güte und Treue einander begegnen, Gerechtigkeit und Friede sich küssen.

Platz 12: Philipper 1,9
Und ich bete darum, dass eure Liebe immer noch reicher werde an Erkenntnis und aller Erfahrung.

Es verwundert nicht, dass das Thema Liebe bei allen diesen Sprüchen im Vordergrund steht. Was immerhin (jedenfalls mich) verwundert ist eine gewisse Pragmatik, die sich in manchen Sprüchen ausdrückt. Dass z. B. der Spruch aus Prediger 4, der nichts weiter tut als die Hilfe, die eine Beziehung zwischen zwei oder drei Menschen im Leben bietet, zu preisen, auf Platz 1 landet, überrascht denn doch. Hätte man nicht 1. Korinther 13,13 dort erwartet? In eine ähnliche Richtung weist auch Rut 1,16, ein

Spruch, den die Schwiegertochter der Schwiegermutter sagt. Da geht es nicht um die romantische Liebe, sondern um ein praktisches Miteinander, das hilft, das Leben zu bewältigen. Weitere Sprüche, die so verstanden werden können, sind Hebräer 10,24; 1. Johannes 3,8 und vielleicht auch Philipper 1,9. Liebe ist wichtig, aber Liebe ist mehr bzw. Anderes als das kribbelnde Bauchgefühl. Paare, die heute üblicherweise nicht aus einer romantischen Erregung heraus heiraten, sondern mit der Erfahrung längeren Zusammenlebens, das gute und weniger gute Tage kennt, wissen, dass dieses praktische Miteinander „spielentscheidend" ist – und sie wollen, dass diese Botschaft auch in der Kirche und durch die Kirche zur Sprache kommt, und sie wollen aus diesem Geist eine Anregung oder Deutung für ihr gemeinsames Leben hören. Es geht um Lebenspraxis. Oder anders: Die Kirche ist gefragt zu erklären, wie der Glaube in der Lebenspraxis einer Ehe Gestalt gewinnen kann. Das ist ein typisches Thema der alttestamentlichen Weisheit, aus der ja der Platz-1-Spruch kommt.

Explizite Christologie findet sich in den Trausprüchen nicht. Die Ehe als Bild der Beziehung zwischen Christus und der Kirche – bzw. umgekehrt: die Beziehung zwischen Christus und der Kirche oder seinen Menschen als Bild für eine funktionierende Ehe – kommt nicht vor, obwohl dies doch in den Lesungen, die die Gottesdienstordnungen für die Trauung vorsehen, ein wichtiges Thema ist.

I.5. Bestattung

Was verwundert, ist das Fehlen einer Liste mit Sprüchen zur Bestattung auf evangelisch.de, der EKD-Internetseite. Möglicherweise hat dies damit zu tun, dass von den Hinterbliebenen den Pastor:innen ein Spruch aus der Reihe Taufe, Konfirmation oder Trauung als Vers für die Bestattungsansprache gegeben wird. So kenne ich es jedenfalls aus meiner (dörflichen) Pfarramtspraxis.

Immerhin findet sich auf der Seite des Deutschen Bestatterverbandes eine Zusammenstellung von Sprüchen für Kränze. Die Botschaften sind aufgrund der äußeren Anforderungen sehr kurz, aber doch aussagekräftig.[32]

Neben Sprüchen zu den Themen Abschied, Dankbarkeit, Trauer, Liebe und Freundschaft finden sich auch Vorschläge für christliche Sprüche für Trauerschleifen:

- Dein Wille geschehe

- Der Herr segne und behüte Dich

- Gottes Wille geschehe

- Gott schenke Dir Flügel

- Herr, schenke ewigen Frieden

- Ich bin die Auferstehung und das Leben

- Im Glauben an das ewige Leben

- Im Glauben an die Auferstehung

---

[32]   https://www.bestatter.de/wissen/beerdigung-und-bestattung/sprueche-fuer-trauerschleifen/#c5812.

37

- Im Vertrauen auf Gott

- Im Vertrauen auf Jesus

- In Christus vollendet

- Lebe in Christus

- Wer an Gott glaubt, hat ewiges Leben

In diesen Vorschlägen, die vermutlich der bewährten Praxis entnommen sind, drückt sich zunächst die Ergebenheit in das Geschehene aus. Gott hat das Geschehene so gefügt, wir müssen es annehmen. Psychologisch ist das eine sinnvolle Botschaft. Als zweites ist wiederum der Gedanke des Segens ausgesprochen. Segen meint hier die Behütung über die Stunde des Todes hinaus. Der Wunsch nach Flügeln kann so gedeutet werden, dass der oder die Verstorbene seinen oder ihren Weg in den Himmel zu Gott finden möge. Ein weiterer Begriff, der hier fällt, ist der Begriff der Ewigkeit (insges. dreimal): der ewige Frieden und das ewige Leben. Es wird nicht weiter erläutert, wie man sich das vorzustellen hat – aber dies ist wohl der erzwungenen Kürze der Botschaften (Platz auf der Schleife!) geschuldet. Darüber hinaus wird auch die Hoffnung auf Auferstehung ausgedrückt, der Glaube und das Vertrauen. In drei Vorschlägen wird explizit auf Jesus oder Christus Bezug genommen – in Verbindung mit dem Leben, dem Vertrauen und der Vollendung.

In den Vorschlägen kommt die ganze Bandbreite an christlichen Einstellungen zu Tod, Auferstehung und ewigem Leben zur Sprache.

Zu den Vorstellungen darüber, die Menschen davon haben, was nach dem Tod kommt, gibt es empirische Erhebungen. Zuletzt hat Thorsten Tesche diese im Rahmen seiner Münchener Dissertation im Fach Religionswissenschaft ausgewertet.[33] Danach gibt es fünf Kategorien. Die meisten der 1001 Befragten stimmen der Aussage zu: „Ich weiß, dass ich nichts weiß" (35 %). 26 % sagen, mit dem Tod sei alles zu Ende. 21 % erwarten ein Wiedersehen im Himmel. Die Personen, die dies aussagen, sind am ehesten christlich geprägt. 12 % haben eine ganz eigene Vorstellung davon, was nach dem Tod kommt; nur 7 % rechnen – östlich beeinflusst – mit einer Läuterung und Wiedergeburt.

Bei den christlich geprägten Interviewpartner:innen in den qualitativen Interviews hat Tesche festgestellt: „Ein christlicher Hintergrund ist noch erkennbar. Jedoch ist eine mit den kirchlichen Lehren konforme Aussage nicht vorgetragen worden. Die Ergänzungen/Veränderungen zur kirchlich-institutionellen Lehrmeinung sind vielfältig, individuell stark ausgeprägt. Besonders deutlich wird, dass Vorgaben wie Gott, Jesus, Paradies, Sünde etc. nur sehr selten vorkommen und dass das gesamte kirchliche „Drohpotenzial" durchgehend abgelehnt wird".[34]

Das heißt, auch in Bezug auf die Vorstellungen dessen, was nach dem Tod kommt, sind ein erheblicher Individualismus und ein erheblicher Traditionsabbruch erkennbar.

---

[33] Thorsten Tesche, Nachtodvorstellungen. Das Ranking ebd. S. 124f.
[34] Ebd. 105.

Zu den positiven Vorstellungen gehört:

„Unvorstellbarer Gott

Individuelle, persönliche Seele, Geist, überdauert ewig

Wiedersehen im Himmel mit den guten Seelen schon Verstorbener, der Familie

Seele wird Schutzengel

Keine Strafen, keine Qualen

Keine Vorzüge nach dem Tod

Keine Hölle

Gerechtigkeit, auch im Sinne von Fegefeuer oder Hölle, geschieht schon auf Erden

Kein Jüngstes Gericht

‚Jüngstes Gericht' entscheidet im Moment des Sterbens

Gute Seelen in Form von Energien schweben nach oben, ewig, (besser als schlechte).

Keine Wiedergeburt

Wiedergeburt ist ungewiss und unbeantwortbar

Reinkarnation ist sinnvoll zur Reifung der Seele

Getaufte, gute Menschen kommen in den Himmel, bei den Sternen, zu Gott

Nur getaufte Christen kommen in den Himmel

Böse, nicht reuige Menschen kommen zum Teufel." [35]

Gewiss sind diese eher zufälligen, teils sogar widersprüchlichen Aussagen aus den qualitativen Interviews in keiner Weise repräsentativ, sie machen dennoch das Ausmaß der Abkehr von überlieferten Vorstellungen deutlich und zeigen, dass Menschen einerseits grundsätzlich nach dem Tod etwas von Gott erwarten, dass aber andererseits dasjenige, *was* sie erwarten, sehr unbestimmt ist. Eines ist immerhin bemerkenswert: Es scheint so, dass es die Erwartung einer immanenten oder transzendenten Gerechtigkeit gibt, dass diese jedenfalls erwünscht oder erhofft ist. Was wir tun bzw. wie wir handeln soll nicht folgenlos bleiben. Wird Gott als Hüter einer Gerechtigkeit angesehen?

I.6. Schick mir dein Lied

Im Frühjahr 2021 hat die Evangelische Kirche in Deutschland (EKD) in der Kampagne „Schick mir dein Lied" deutschlandweit nach den beliebtesten christlichen Liedern gefragt. Knapp 10.000 Einsendungen hat es gegeben.[36] Die fünf beliebtesten Lieder sind:

1. Von guten Mächten (Evangelisches Gesangbuch EG 65). Das Lied zum Jahreswechsel ist eine Vertonung des berühmten Gedichtes von Dietrich Bonhoeffer aus seiner Haft

---

[35] Thorsten Tesche, Nachtodvorstellungen 104.
[36] Vgl. hierzu Schick uns Dein Lied! – EKD (Zugriff 7. Januar 2022). Hier finden sich auch kurze Hinweise zu den 5 beliebtesten Liedern.

am Jahreswechsel 1944-1945. Es spricht eindrücklich-bewegend von Bonhoeffers tiefem Glauben an Behütung trotz seiner persönlich dramatischen und lebensbedrohlichen Lage. Die letzte Strofe des Liedes „Von guten Mächten wunderbar geborgen erwarten wir getrost, was kommen mag. Gott ist mit uns am Abend und am Morgen und ganz gewiss an jedem neuen Tag." ist wohl eine der bekanntesten zeitgenössischen Glaubensaussagen und findet sich auf zahllosen Postkarten und Kalenderblättern. Die Botschaft des uns umgebenden, begleitenden, behütenden und tröstenden Gottes trifft offenbar bis heute ganz tief die religiöse Sehnsucht vieler Menschen und vermag den menschlichen religiösen Sehnsüchten Sprache zu verleihen – auch unabhängig von den Entstehungsbedingungen des Textes.

2. Geh aus, mein Herz, und suche Freud (EG 503). Das Sommerlied stammt vom großartigen Liederdichter Paul Gerhardt, dessen Liedtexte es schaffen, in ca. 15 Strofen eine kleine Dogmatik bzw. systematische Theologie zu entfalten. „Geh aus, mein Herz" ist ein eindrückliches Schöpferlob, indem es die Natur und ihre Wirkung auf uns und „unser Herz" beschreibt. In der 8. Strofe „Ich selber kann und mag nicht ruhn …" beginnt die Antwort des Menschen auf die Anrede Gottes aus der Natur. Dabei geht der Blick sogleich im rhetorischen Schluss a minore ad maius – vom Kleineren zum Größeren – in die Ewigkeit: „Ach, denk ich, bist du *hier* so schön und lässt du's uns so lieblich gehen auf dieser armen Erden: Was will doch wohl *nach dieser Welt* dort in dem reichen Himmelszelt und goldnen Schlosse werden." (Str. 9) Die letzten drei Strofen bitten um Aufnahme in das Paradies.

Zum Erfolg des Liedes mag neben der lebendigen Natur-
schilderung auch die fröhliche Melodie von August Har-
der aus dem Jahr 1813 beitragen.

3. Großer Gott, wir loben dich (EG 331) ist das ist das einzige
Lied, das unter den favorisierten Liedern einen explizit
christologischen Schwerpunkt hat. Insbesondere in den
Strofen 5-8 wird in rechtfertigungstheologischer Sprache
die soteriologische Dimension des Christusgeschehens
herausgestellt. Pointiert heißt es zu Beginn der 7. Strofe:
„Durch dich steht das Himmelstor allen, welche glauben,
offen."[37] Und kreuzestheologisch gewendet: „Kaufest
durch dein Blut uns frei, hast den Tod für uns gelitten."
(Str. 8) Und es wird deutlich gemacht, durch wen wir (ich
ergänze: Nichtjuden) den Vater kennen: „Du stellst uns
den Vater vor." (Str. 7) Worauf der Erfolg des Liedes beruht, kann man nur ahnen. Nach meiner Einschätzung
sind es zum einen der erhabene Ton des Liedes, die (fast
reformiert klingende) Anrede Gottes als den Heiligen,
ganz anderen – hierin Tersteegens „Wunderbarer König"
nicht unähnlich. Etwas mit Augenzwinkern könnte man
auch sagen: Großer Gott, wir loben dich, ist ein frühes
Lobpreis-Lied. Zum anderen ist das als ökumenisches
Lied ausgewiesene EG 331 ein Posaunenchor-Lied erster
Güte. Kaum ein Festgottesdienst, in dem der Posaunenchor spielt, wird auf dieses Lied verzichten wollen. Und

---

[37] Diese rechtfertigungstheologische Färbung ist einigermaßen erstaunlich, ist doch der Textdichter Ignaz Franz (1719-1790) katholischer Priester, Leiter eines Priesterseminars und Assessor für theologische Angelegenheiten des fürstbischöflichen Vikariats (vgl. die Lied-
erkunde im EG sowie Biografie Ignaz Franz | Alojado Lieder-Archiv,
Aufruf am 7. Januar 2022).

ich denke auch an die vielen Jubiläums-Hochzeiten, Geburtstage usw., an denen das Lied mit Posaunenchor erklingt.

4. Möge die Straße uns zusammenführen[38]. Das Lied steht in der Tradition der sich großer Beliebtheit erfreuenden irischen Segenswünsche. Es ist ein Segenslied, das gerne am Schluss von Gottesdiensten und gottesdienstlichen Veranstaltungen gesungen wird. Die eingängige Melodie und die dazu vorhandenen Chorsätze tragen darüber hinaus zur Verbreitung des Liedes bei. „Möge die Straße …“ ist reine Segenstheologie, die den Angesprochenen nur Gutes wünscht – ganz weltlich: Wind im Rücken, sanfter Regen auf den Feldern und Sonnenschein im Gesicht. – dazu Behütung und Geleit auf dem Lebensweg, der am Grab noch nicht endet: „Sei 40 Jahre im Himmel, bevor der Teufel merkt: Du bist längst tot.“ (Str. 3) Zusammengefasst: „Gott … halte dich in seinen Händen“ (Str. 4).

5. Wer nur den lieben Gott lässt walten (EG 369). Vielleicht eine kleine Überraschung ist die Beliebtheit von EG 369. Das Lied thematisiert die persönliche Beziehung zwischen Gott und Mensch insbesondere in Zeiten des Leides.[39] Es versucht Antwort zu geben auf die Frage, wie ich mit persönlichem Leid umgehen kann – für Christenmenschen vermutlich eine der existenziellen Fragen schlechthin. Seine Botschaft: Gott ist bei dir auch im

---

[38] (Noch) nicht im EG, verschiedene Quellen, auch in der „Liederkiste“ kostenfrei zu haben, vgl. Moege die Strasse uns zusammenfuehren.pdf (bezirksverband-neuss.de), Aufruf am 7. Januar 2022.
[39] Der Text des Liederdichters Georg Neumark stammt von 1641, also mitten aus dem 30-jährigen Krieg, dessen furchtbare Auswirkungen auf die beteiligten Länder immens waren.

Leid; er weiß, wie es dir geht, er steht dir bei und geht deinen Weg mit dir. Halte darum auch du an Gott fest! Zusammengefasst in der letzten Strofe: „Sing, bet und geh auf Gottes Wegen, verricht das Deine nur getreu und trau des Himmels reichem Segen, so wird er bei dir werden neu. Denn welcher seine Zuversicht auf Gott setzt, den verlässt er nicht."

Man sieht, dass auch die beliebtesten fünf Lieder nicht zu allererst die christologische Dimension der christlichen Religion herausstellen, Sündenvergebung und Vermittlung des Heils, sondern die schöpfungstheologische (Schöpfung, Natur, Erhaltung und Begleitung) und – damit verbunden – die segenstheologische. Gott soll in meinem Leben persönlich als Lebenshilfe, besonders auch in dunklen Stunden, spürbar und erfahrbar werden.

I.7. Was glauben Sie denn?

Ein letzter Fund authentischer Glaubensaussagen stammt aus der Hannoverschen Allgemeinen Zeitung; genauer: der Weihnachtsausgabe von 2021.[40] Unter dem Titel „Was glauben Sie denn?" gibt der Redakteur Simon Benne, studierter katholischer Theologe, sieben Glaubenszeugnisse prominenter und weniger prominenter Hannoveraner:innen wieder, darunter auch eine Jüdin, ein Moslem und ein Ausgetretener. Das Alter der Befragten liegt – abgesehen von Martin Kind (77) – zwischen Anfang 20 und Anfang 60.

---

[40] Simon Benne, Was glauben Sie denn?

Nils Drüge, an Muskeldystrophie erkrankt und im Rollstuhl sitzend, spricht von seiner Hoffnung, nach dem Tod dorthin zu kommen, wo es ihm gutgeht. Der Glaube hilft ihm, seine Krankheit zu tragen.

Die jüdische Opernintendantin *Laura Berman* braucht die Rituale an den Festtagen. Sie fühlt sich nicht gut, wenn sie nicht in die Synagoge gehen kann.

Die Intensivschwester *Xenia Franke*, studierte Religionspädagogin, geht nur noch selten in den Gottesdienst. Aber sie ist Gott dankbar und glaubt, dass er für alle einen Plan hat. Sie „weiß, dass es vielen Älteren oder Sterbenden hilft, wenn man ein ‚Vater Unser‘ mit ihnen betet.“

Denise M'Baye hat in der Serie „Um Himmels Willen“ eine katholische Ordensschwester gespielt. Sie selbst befasst sich allerdings eher mit Yoga und Meditation. Ihr geht es in der Religion um Verbindung zu Menschen und der Welt. „Wir alle sind uns doch in unseren tiefsten Bedürfnissen sehr nah. ... Im Kern haben wir alle dieselben Grundbedürfnisse, besonders das eine, geliebt zu werden.“

Oberbürgermeister *Belit Onay* (Grüne) ist liberaler Moslem, der in seiner Jugend in Goslar mit seiner Mutter auch Weihnachten und Ostern in die Kirche gegangen ist. Er betet regelmäßig und sieht in der Barmherzigkeit die Grundbotschaft des Islam. Er hofft, dass die Seele nach dem Tod weiterlebt. Das gibt ihm Kraft.

Sven Friedrich Cordes, Bestatter, ist zwar evangelisch getauft und konfirmiert, versteht sich aber heute als Agnostiker.

Was nach dem Tod kommt, weiß er nicht. „Aber ich hoffe darauf, dass es dann Frieden, Gerechtigkeit und keine Schmerzen mehr gibt."

Die Hebamme *Silvia Vihs* stammt aus dem Eichsfeld und ist katholisch aufgewachsen. Ihr gibt der Glaube gerade in Krisen Kraft, da sie darauf vertraut, „dass eine höhere Macht aufpasst." Sie empfindet in ihren beruflichen Erfahrungen „Demut und Dankbarkeit gegenüber dem Wunder des Lebens."

Hörgerätehersteller und Hannover 96-Chef *Martin Kind* ist reformiert aufgewachsen, dann ausgetreten und inzwischen wieder Mitglied der Kirche. Er habe die soziale und kulturelle Funktion der Kirche respektiert, aber den Eindruck gewonnen, dass sie sich zu viel mit sich selbst beschäftige und nicht modern sei. Gleichwohl habe er es als Verlust empfunden, dass die Kirchen seine Kinder und Enkel kaum noch erreichten. Inzwischen sei er wieder eingetreten, habe aber in religiöser Hinsicht mehr Fragen als Antworten.

Religion als Kraft, als Vermittlerin von Hoffnung über den Tod hinaus, als Ort von Ritualen; Religion als Quelle von Gewissheit, dass Gott einen Plan mit mir hat; Sehnsucht nach Verbundenheit und Liebe; Hoffnung auf Frieden und Gerechtigkeit; Erfahrung von Behütung, Dankbarkeit – aber auch Fragen. Ein bunter Strauß, der einerseits die Individualisierungstendenzen auch in religiöser Hinsicht dokumentiert, der aber andererseits dadurch zusammengehalten wird, dass es in der Religion um Lebensdienlichkeit geht: Religion soll sich in meinem Leben auswirken, es positiv beeinflussen und mir Sinn vermitteln sowie das Gefühl, gehalten zu sein.

I.8. Hartmut Rosa, Resonanz

Zuletzt sei noch – wie angekündigt – auf Hartmut Rosa und seine Ausführungen zu Religion in dem Buch „Resonanz" eingegangen.

Der in Jena lehrende Soziologe hat 2016 unter dem Titel Resonanz eine „*Soziologie der Weltbeziehung*" vorgelegt. Gelingendes Leben – so mag man seine Theorie knapp skizzieren – hängt nicht davon ab, wie viele Optionen wir haben, wie weit unser Radius und wie voll unser Terminkalender ist. Gelingendes Leben hat vielmehr damit zu tun, wie wir mit unserer Welt und den Menschen in ihr in Beziehung kommen. Werden wir von der Welt angesprochen, oder bleibt sie für uns stumm? Können wir in diese Welt eingreifen und etwas in ihr erwirken, oder verpufft unser Leben wirkungslos? Wo beides gelingt, spricht Rosa von Resonanz. Das heißt, ein gelingendes Leben ist ein resonantes Leben.

Resonanz geschieht auf verschiedenen Achsen: horizontal zu anderen Menschen, diagonal zu den Dingen und vertikal zum Leben als Ganzem.

Religion vertritt den Gedanken: „*Etwas ist da, etwas ist gegenwärtig.*"[41] Und dieses Etwas, was da ist, ist ein antwortendes Etwas. „*Gott* ist … im Grunde die Vorstellung

---

[41] Hartmut Rosa, Resonanz, 435. Kursivierungen jeweils im Original.

einer *antwortenden Welt.*"[42] Diesen Gedanken findet Rosa einerseits bei Schleiermacher wieder, andererseits bei Martin Buber. Dass die Welt auf mich zukommt und ich ihr antworte, drückt sich bei Schleiermacher im Gedanken der Anschauung und im Gefühl aus. Im Anschauen findet nämlich ein „Einfluss des Angeschauten auf den Anschauenden" statt[43], die Welt berührt uns; während das Gefühl, das dadurch ausgelöst wird, gleichsam die Antwort ist.

Bei Buber wird die Resonanz in seinem dialogischen Prinzip, dem Ich-Du-Verhältnis, ausgedrückt. Der Mensch ist auf das Du Gottes hin geschaffen als ein resonanzfähiges und resonanzbedürftiges Wesen. Dies findet sich bereits in der Bibel Alten wie Neuen Testaments wieder. Resonanztheoretische Quintessenz der Bibel ist die Aussage: „*Da ist einer, der dich hört, der dich versteht, und der Mittel und Wege finden kann, Dich zu erreichen und Dir zu antworten.*"[44] Hieraus ergibt sich zwangsläufig die religiöse Handlung des Gebetes, das sowohl „nach *innen* wie nach *außen* gerichtet ist."[45]

Die Religion geschieht zwar wesensmäßig auf der vertikalen Achse, sie findet aber auch auf der diagonalen (Dinge) und horizontalen (Menschen) Achse statt, da sie mit Gebäuden, Gegenständen und z. B. Sakramenten zu tun hat und gemeinschaftlich (Gottesdienst) ausgeübt wird. Dabei bricht Rosa durchaus eine Lanze für das

---

[42] Ebd.
[43] Ebd. 437.
[44] Ebd. 441.
[45] Ebd.

Geheimnisvolle, das Magische in der Religion. Auch wenn der Protestantismus dies aus der Religion gerne verdrängt, ist es doch in den Liedern, etwa denen Paul Gerhardts, präsent. Beispielhaft zitiert er EG 37,4 als Beispiel für ein Resonanzgeschehen:

Ich sehe dich mit Freuden an und kann mich nicht satt sehen;
Und weil ich nun nichts weiter kann, bleib ich anbetend stehen.
O dass mein Sinn ein Abgrund wär und meine Seel ein weites Meer,
dass ich dich möchte fassen.

Zusammengefasst: „Als Kern der Religiosität lässt sich auf diese Weise mit Martin Buber und mit Paul Gerhardt gleichermaßen *die existentielle Antwortbedürftigkeit* des Menschen auf der einen und das Versprechen ihrer potentiellen *Erfüllung* auf der anderen Seite identifizieren."[46] Darum wird Sünde völlig zu Recht als Beziehungslosigkeit verstanden.

Die radikale Religionskritik macht genau die entgegengesetzte Erfahrung geltend: „Die Erfahrung der existentiellen Fremdheit im Sinne der Unmöglichkeit, sich die Welt anzuverwandeln und sie zum Sprechen zu bringen."[47]

Wo Religion mit Gewalt versucht, sich durchzusetzen, handelt sie letztlich widersinnig, da Gewalt „versucht,

---

[46] Ebd. 446.
[47] Ebd. 449.

Dinge und Menschen unter Kontrolle zu bringen".[48] Dies aber verkennt, dass Resonanz letztlich unverfügbar ist.[49]

Fasst man knapp zusammen, was sich aus diesem Durchgang durch Quellen der „Volksreligiosität" ergibt, so steht an erster Stelle, dass Religion im gelebten Leben eine Auswirkung zeigen soll. Religion hat mit der Sehnsucht des Menschen zu tun, das Leben zu spüren. Mensch und Welt stehen in einer „klingenden" Beziehung zueinander, die Sinn stiftet. Man kann Gott spüren im Vollzug von Religion, in den Kirchengebäuden, in ansprechenden Texten und Liedern, in der Gemeinschaft der Betenden, der Feiernden.

Inhaltlich soll Religion *mir* vermitteln, dass Gott Schöpfer und Lenker der Welt ist. Die Welt und das Leben der Menschen – mein Leben – sind in Gottes Hand. Das schenkt mir das Gefühl der Geborgenheit. Gott gibt Kraft zum Leben und lässt mich damit auch negative Erfahrungen aushalten: Schmerz, Leid und Scheitern. Der Glaube wird als Hilfe zur Lebensbewältigung verstanden – dies sagen viele ältere Menschen in den „Glaubenssplittern". Menschen wünschen sich, dass Gott sie und ihre Lieben beschützt und dass sie behütet sind, dass Gott sie auf dem Lebensweg begleitet, dass sie ihm vertrauen können. Der Begriff des Segens spielt in diesem Zusammenhang eine wichtige Rolle. Für diese Begleitung sind Menschen dankbar und drücken das auch gerne aus. Das Gebet ist immer noch eine häufig praktizierte Form der Religionsausübung. Religion schenkt so auch Lebensfreude,

---

[48] Ebd. 452.
[49] Vgl. Hartmut Rosa, Unverfügbarkeit.

Glück. Religion hilft mir, ein auch ethisch gutes Leben zu führen. Nächstenliebe ist ein hoher Wert, ebenso die Kraft zur Vergebung. Und es wird erwartet, dass sich ein gutes Leben auswirkt – im Leben selbst und auch nach dem Tod. Menschen wünschen sich eine Welt, die „in Ordnung" ist.[50] Nach dem Tod kommt wahrscheinlich noch etwas – was das genau ist, weiß man nicht. Aber Hoffnung ist berechtigt.

Man könnte vermutlich die eben skizzierten Grundzüge einer Theologie unserer Gemeindeglieder noch vertiefen oder ausweiten, wenn wir z. B. die Wünsche und Erwartungen zu Weihnachten einbeziehen würden oder die Bedürfnisse der Begleitung an anderen Schwellen wie Schulanfang oder Jahreswechsel.

Darüber hinaus könnte man weitere Gedanken oder Begriffe nennen, die den Gemeindeglauben charakterisieren. So hat zum Beispiel die *Frage nach dem Glück*[51] das Streben nach dem ewigen Leben verdrängt (weswegen Luthers drängende Frage nach dem gnädigen Gott heute kaum noch als drängend empfunden wird). Kasualien – so Christian Grethlein[52] – werden eher unter dem Stichwort des *Segens* als unter einer christologischen Zuspitzung gedeutet. *Spiritualität* spielt für viele und in ganz

---

[50] Der Gedanke der „heilen Welt" begegnet vielfach in Schlagern, spielt aber vermutlich als ein Motiv auch bei der Vorliebe der Deutschen für das Medium des Krimis (sowohl Buch als auch TV) eine Rolle: Am Ende wird alles gut.
[51] Michael Roth, Zum Glück.
[52] Chrsitian Grethlein, Grundinformation Kasualien, bes. S. 63ff.

vielfältigen Formen eine Rolle[53] und ist z.b. auch im Tourismus ein wichtiges Thema – ausgehend vom Pilgern über Auszeiten in Klöstern, aber auch schlichten Kirchenbesuchen bei Städtereisen. Die Frage und die Suche nach einem *Sinn* des Lebens ist weiterhin eine der Grundfragen der Menschen.[54] Und nicht zuletzt sind auch die *heile Welt* und das *heile Leben*[55] zu nennen, die zu den besonders verbreiteten Sehnsüchten der Menschen zählen und religiös fundiert sind.

---

[53] Für eine knappe, aber präzise Information und weitere Literatur vgl. den Beitrag von Michael Utsch, Spiritualität.
[54] Vgl. Geo Wissen Nr. 53 (2014): Was gibt dem Leben Sinn?
[55] Vgl. Geo Wissen Nr. 48 (2011): Was die Seele stark macht.

II. Warum wir den Gemeindeglauben bzw. die Volksfrömmigkeit ernstnehmen sollten

Unser Engel, der uns normalerweise an unserer Eingangstür begrüßt. Auch Engel sind ein Symbol für zeitgenössische Frömmigkeit. Engel haben Konjunktur, wie z. B. auch spirituelle Erfahrungen wie das Pilgern. Beides sind Zeichen für ein tiefes geistliches Bedürfnis.

Theologie und Kirche sollten diese Bedürfnisse wahrnehmen und ernstnehmen. Darum geht es im zweiten Kapitel.

Wie nehmen Theologie und Kirche die eben skizzierten religiösen Äußerungen von Menschen und die dahinterstehenden religiösen Bedürfnisse auf? Auch diese Frage ist meines Wissens noch nicht wirklich untersucht worden. Aber man findet Hinweise.

Persönlich ist mir die Kritik an religiösen Vorstellungen unserer Gemeinden zuletzt im neuen *Evangelischen Gottesdienstbuch – Taschenausgabe* begegnet. Im Hinführungstext zur Christvesper heißt es:

„Für viele Menschen ist die Christvesper am Heiligen Abend der Weihnachtsgottesdienst schlechthin. Die Lesungen, Lieder, Lichter und Klänge sind emotional hoch besetzt. Liturgische und homiletische Gestaltung müssen darauf Rücksicht nehmen. Sie können Stimmungen aufnehmen und diese deuten und etwa die Regression auf Krippe und Kindheit durch das Angebot der Gotteskindschaft überschreiten und weiten."[56]

Weihnachtsgottesdienste dürfen nicht in Stimmungen schwelgen und sie auskosten – warum eigentlich nicht? Man muss (leider) darauf Rücksicht nehmen und diese Stimmungen deuten; die Prediger:innen müssen mir erklären, warum ich etwas fühle. Und wenn ich das Kind und die Krippe liebe, dann ist das eine Regression, ein Zurückfallen in kindliche Verhaltensmuster. Regression gilt bisweilen als neurotisch, krank. Regression ist also etwas, das überschritten und geweitet werden muss durch

---

[56] Evangelisches Gottesdienstbuch, 803. In der Vorlage war statt vom Weiten noch vom Überwinden die Rede.

das Angebot der Gotteskindschaft – was immer das genau und konkret meinen soll.

Kurz: Mein Glaube ist nicht ok, sondern korrekturbedürftig.

Was aber, wenn die Gemeinde das nicht will? Was, wenn die Gemeinde gerne schwelgt in der Geschichte von Krippe und Kind? Was, wenn eine tiefe Sehnsucht besteht nach einer heilen Welt – einer Welt, die durch die Geburt des Kindes in der Krippe ein Stück heiler wird? Warum muss ich das deuten, also rational erklären? Warum kann ich nicht einfach positiv auf die weihnachtliche Sehnsucht der Gemeinde eingehen?

Oder noch deutlicher gefragt: Warum darf ich nicht stehen lassen, was Menschen glauben? Sie sind doch religiöse Subjekte, erwachsene Menschen …

Theologisch fundierter lesen wir religionskritische Erörterungen bei Ulrich Körtner, einem Theologen, der die Anliegen der Wort-Gottes-Theologie in unseren Zeiten weiterhin vehement gegen die neuprotestantischen Strömungen in der Systematischen Theologie vertritt.[57] Seine religionskritische Position hat er in dem Buch „Gottesglaube und Religionskritik" ausgeführt.[58]

Körtner weist darauf hin, dass die Kritik an religiösen Vorstellungen breiterer Gruppen seit jeher in der auf die Bibel gründenden Religion präsent war und ist. Er erinnert an die Schriftpropheten, die sich insbesondere an der

---

[57] Vgl. sein fulminantes Buch *Theologie des Wortes Gottes.*
[58] Ulrich H. J. Körtner, Gottesglaube.

Jerusalemer Theologie gerieben haben. Er erinnert auch an das Neue Testament, etwa die Kritik des Paulus an spirituellen Praktiken in Korinth. Und natürlich erinnert er an die Dialektische Theologie – allen voran Karl Barth.[59] „Die Vertreter der Dialektischen Theologie haben sich von der positiven Verwendung des Religionsbegriffs in der neuprotestantischen Theologie seit Schleiermacher scharf abgesetzt und die Alternative zwischen dem von Gott gewirkten Glauben und jeglicher Religion als einer menschlichen Aktivität aufgestellt."[60]

Körtner spitzt seine Kritik zu auf die These: „Das Evangelium verheißt nicht ‚kleine Transzendenzen', die man im Urlaub oder im Fußballstadion erleben kann, sondern antwortet auf die Frage, was mein einziger Trost im Leben und im Sterben ist, wie es der reformierte Heidelberger Katechismus (1563) ausdrückt. Und das drängende Problem der Kirchen ist nicht der Mangel an irgendwelcher Spiritualität, sondern die Sprachnot des Glaubens, die sich in einer bisweilen erschreckenden Banalisierung christlicher Glaubensinhalte zeigt, die Wolfgang Huber mit Recht als Selbstsäkularisierung der Kirche kritisiert. Die Respiritualisierung, die von manchen als Gegenmittel empfohlen wird, ist in Wahrheit keine Alternative, sondern leistet solcher Selbstsäkularisierung möglicherweise nur weiterer Vorschub."[61] Und er sieht „die Kirchen gefordert, das Profil des Christlichen zu schärfen. Christlicher Glaube unterscheidet sich von allen sonstigen

---

[59] Karl Barth, Die kirchliche Dogmatik I/2, 327.
[60] Ulrich H. J. Körtner, Gottesglaube, 77.
[61] Ulrich H. J. Körtner, Gottesglaube 90f mit Hinweis auf Wolfgang Huber, Kirche in der Zeitenwende.

Formen von Religion durch das Bekenntnis zu Jesus Christus als Heilsbringer. … nicht eine vage Gottoffenheit, sondern das Christusbekenntnis ist der entscheidende ‚Marker', an dem das Label ‚Christentum' auf dem Markt der religiösen Möglichkeiten und Unmöglichkeiten erkannt wird."[62]

In seiner Kritik berührt Körtner verschiedene Aspekte dessen, was uns bis hierher beschäftigt hat, auch wenn sich seine Ausführungen weniger mit Gemeindefrömmigkeit als vielmehr mit einer bestimmten an Schleiermacher anknüpfenden systematisch-theologischen Strömung auseinandersetzen. Es ist aber nicht zu übersehen, dass es deutliche Schnittmengen gibt.

Zum einen macht Körtner eine *Banalisierung* christlicher Glaubensinhalte aus. Das ist ein schwerer Vorwurf. Hier trifft sich Körtner mit dem zuvor zitierten Text aus dem neuen Evangelischen Gottesdienstbuch. Gemeint ist, dass die Vertreter:innen einer stärker auf Religion und Spiritualität bezogenen Theologie (und Frömmigkeitspraxis) die Ressourcen des christlichen Glaubens nicht hinreichend ausschöpfen. Vereinfacht gesagt lautet der Vorwurf, hier werde Wohlfühlreligion betrieben. „In der angesagten protestantischen ‚Wellness'-Religion, die um einen ‚Wohlfühlgott' kreise, werde der Stachel des Negativen der christlichen Botschaft ignoriert.", sagt z. B. Friedrich Wilhelm Graf – eigentlich selbst Vertreter der

---

[62] Ulrich H. J. Körtner, Gottesglaube, 93f.

61

von Körtner kritisierten theologischen Richtung.[63] Der Glaube muss sich gerade darin erweisen, dass er durch die schweren Zeiten des Lebens, die schmerzhaften Erfahrungen trägt.

Ich denke, dass die oben zitierten Beispiele aus den Glaubensaussagen der Gemeinden diesen „Test" gut aushalten. Es überrascht, dass viele Menschen, die auf ein langes Leben mit Entbehrungen, Verlusten, Krankheiten und anderen schwierigen Erlebnissen dennoch am Glauben festgehalten haben – ja: sie sagen, ihr Glaube habe sie durch diese Erfahrungen hindurch getragen.

„'Herr, deine Liebe ist wie Gras und Ufer'" … Als mein Schwiegervater 1982 einen schweren Schlaganfall mit Apoplex, rechtsseitiger Lähmung, Sprachverlust und Dauerkatheter erlitt, hab' ich auf dem Weg ins Krankenhaus die Autoscheiben heruntergekurbelt und dieses Lied laut gesungen. Ich hab' Liebe gespürt, mich verstanden und getragen gefühlt, ich war nicht allein auf diesen Wegen … Auch meinem jüngsten Bruder hab' ich 2013 in seinen letzten sechs Lebenswochen jeden Morgen eine Mail geschrieben ,Gott ist Liebe, und wer in der Liebe bleibt, bleibt in Gott und Gott in ihm!' Liebe wie Gras und Ufer, wie Wind und Weite und ein Zuhaus' – immer wieder neu wachsendes Gras, immer bestehendes, erreichbares Ufer, lindernder Wind, Weite in guten

---

[63] http://www.evpfalz.de/kirchenbote/index.php?id=46&tx_ttnews%5Btt_news%5D=266&cHash=d77d5ca895da6b118867b5b835776b40 (Zugriff 29. September 2020).

Gedanken und Träumen und vor allem die Sicherheit eines Zuhauseseins".[64]

„'Und ob ich schon wanderte im finsteren Tal, fürchte ich kein Unglück, denn du bist bei mir. Dein Stecken und Stab trösten mich.' Diese Bibelstelle verbinde ich mit vielen Situationen, wo mich Gott herausgeführt hat und es mit mir durchgestanden hat. Ein Beispiel dafür war die Trennung meiner Eltern, die unsere Familie auseinandergebracht hat. Gott hat mich in dieser Zeit begleitet und hat es mit mir durchgestanden."[65]

Das sind nur zwei Beispiele – ein älterer und ein jüngerer Mensch, die ihren Glauben als Hilfe in schweren Krisen erfahren haben. Auf solche Glaubenshaltung passt die Kritik der Banalisierung jedenfalls nicht, sondern es wird im Gegenteil sichtbar, welche immensen Ressourcen elementare, „einfache" Glaubensvorstellungen aktivieren können. Man mag das oft und gerne verballhornte Lied „Herr, deine Liebe" furchtbar kitschig und ohne jede Qualität finden. Aber es trägt in diesem konkreten Fall trotzdem. Und Psalm 23 sowieso!

Ein zweiter Kritikpunkt ist alt: die *Unterscheidung zwischen* dem von Gott geschenkten *Glauben* und der *Religion* als Menschenwerk. So alt, wie diese Kritik ist, so wenig tragfähig ist sie auch. Auf den Punkt gebracht hat die Zurückweisung dieser Kritik der leider viel zu früh verstorbene Wiener Theologe Falk Wagner. Er weist zum einen – gegen das Argument der Wort-Gottes-Theologie – darauf

---

[64] Jana-Lore Bode (70), in: Glaubenssplitter 33.
[65] Pauline Skarabis (12), in: Glaubenssplitter 45.

hin, dass wir das Wort Gottes nicht anders als durch Menschen vermittelt haben. Weiter wendet er ein: „Das im individuellen Schnittpunkt zwischen Personalität und Sozialität agierende religiöse Bewußtsein wird mit seiner Ersetzung durch den Glauben auf die religionsinterne Beziehung von geglaubtem Wort und glaubend-gehorsamem Hören reduziert. Der Glaube wird so zum quasi subjektlosen Beziehungsgefüge seines mit seinem Gegenstand zusammenfallenden Vollzugs."[66] Anders gesagt: Die Unterscheidung der Dialektischen Theologie nimmt nicht hinreichend ernst, dass der Glaube ein Vollzug religiöser Subjekte ist. Wilhelm Gräb schreibt mit Blick auf die Predigt: „Die Adressaten der religiösen Rede, die Hörenden, sind zudem gleichermaßen deren Subjekte. Ihr Hören ist ein aktiver Bewusstseinsvollzug[,] vermittels dessen sie die existenzielle, Sinn erschließende Aneignung der christlichen Botschaft vollziehen."[67] Zwar ist und bleibt der Glaube ein Geschenk – aber eines, das die Glaubenden durchaus aktiv annehmen und vollziehen. Das heißt, der aufgebaute Gegensatz ist meines Erachtens hinfällig.

Den dritten Kritikpunkt fasst Körtner in den Gegensatz zwischen kleinen *Transzendenzen* und der Antwort auf die Frage, was mein *einziger Trost im Leben und Sterben* ist. Aber ist das überhaupt ein Gegensatz? Können das nicht

---

[66] Falk Wagner, Lage, 52.
[67] Wilhelm Gräb, Predigtlehre, 73f. Vgl. auch Kristian Fechtner, Individualismus. Zu Beginn des Aufsatzes macht Fechtner deutlich, wie insbes. durch die Arbeiten von Henning Luther in den späten 1980er und frühen 1990er Jahren „eine subjekttheoretische Wendung praktisch-theologischer Reflexion vollzogen wird." (208)

vielmehr Aspekte ein und derselben Religiosität sein? Körtner denkt bei den kleinen Transzendenzen an Erfahrungen im Fußballstadion oder an Naturerlebnisse im Urlaub. Sonnenaufgänge oder -untergänge an der See oder in den Bergen. Und er will mit dem so aufgebauten Gegensatz diejenigen treffen, die Religion in aufgeladenen Erfahrungen aus säkularen Kontexten wie Fußball oder Natur entdecken wollen. Das kann man kritisieren, und ja: Man sollte auch bewusst nichtreligiöse Menschen in ihrer Nicht-Religiosität ernstnehmen. Aber wenn man davon absieht und etwas verallgemeinert, sind die „kleinen Transzendenzen" Ergebnisse meiner Glaubenserfahrung. Wo ich im Gemeinschaftserlebnis mitgenommen werde, wo mich die Natur so anspricht, dass ich Resonanzerfahrungen mache, Sinnerfahrungen, da ist es legitim, diese auch religiös zu deuten – jedenfalls das Angebot religiöser Sinndeutung zu machen. Solche Erfahrungen ordnen sich ohne Mühe schöpfungstheologisch ein – im Staunen und in der Erfahrung von Dankbarkeit. Und warum zwischen diesen Erfahrungen des Staunens und der Dankbarkeit angesichts der Gaben des Schöpfers auf der einen Seite und dem unbedingten Vertrauen auf Gott im Leben und Sterben ein Gegensatz bestehen soll, leuchtet überhaupt nicht ein. Das heißt, auch dieser Kritikpunkt verfängt nicht.

Weiter führt Körtner aus, das Problem der Kirche sei *nicht* der *Mangel an Spiritualität*, sondern die *Sprachnot des Glaubens*. Was er mit der Sprachnot des Glaubens meint, sagt er an andere Stelle etwas deutlicher, wenn er auf die

Sprach- und Predigtnot der Pfarrer[68] zu Zeiten der Entstehung der Dialektischen Theologie hinweist.[69] Die damals herrschende liberale Theologie schien der jungen Generation von Predigern keine hilfreiche Grundlage mehr für den vielgestaltigen Verkündigungsauftrag zu sein – insbesondere nicht nach den Erschütterungen des ersten Weltkriegs. „Ich predige heute mit dem deutlichen Eindruck: das *kann* noch nicht durchschlagen, … weil es ja bei mir selbst noch lange nicht durchgeschlagen hat. Wir postulieren doch immer noch mächtig." Und: „Meine Hausbesuche und mein Unterrichten sind eine lächerliche Stümperei, ich komme mir dabei vor wie einer, der mit vollen, aufgeblasenen Backen in eine Trompete stoßen möchte, aber es kommt kurioserweise kein Ton heraus", schreibt Karl Barth.[70] Da half nur „der Versuch, bei einem erneuten Erlernen des theologischen ABC noch einmal und besinnlicher als zuvor mit der Lektüre und Auslegung der Schriften des Alten und Neuen Testaments einzusetzen."[71] Wie die Geschichte ausging, ist bekannt. Es ist wichtig zu erkennen, dass die damalige Sprachnot mindestens mitursächlich mit dem Kontext zusammenhing, mit der Zeit, in der die Verkündigung gefragt war. Die existenzielle Verunsicherung der Menschen im und nach dem ersten Weltkrieg war

---

[68] Ich wähle bewusst die männliche Form, da in der in Frage stehenden Zeit keine Frauen ordiniert wurden.
[69] Ulrich H. J. Körtner, Gottesglaube 82 mit der in ebd. Anm. 106 genannten Literatur.
[70] Eberhard Busch, Lebenslauf, 101f.
[71] Eberhard Busch, Lebenslauf 110.

dramatisch.[72] Die alten Antworten verfingen nicht mehr, weil sich die Fragen geändert hatten. Es brauchte neue Antworten.

Heute verfangen die Antworten der 1920er bis 1970er Jahre – das halbe Jahrhundert der Dialektischen Theologie – ebenfalls nicht mehr. Ulrich Körtner scheint das insofern zu ahnen, als er auch in kritischer Weise von der kirchlich-dogmatischen Phraseologie schreiben kann und zu konzedieren vermag, „dass die Wort-Gottes-Theologie nicht gegen die Gefahr gefeit war, in einem binnenkirchlichen Jargon zu erstarren."[73] Jede Zeit muss für sich neu buchstabieren, wie von Gott und bzw. in seiner Beziehung zum Menschen zu reden ist.

Allerdings könnte es auch sein, dass gar nicht die Sprachnot das Problem ist, sondern dass dieses noch tiefer verborgen liegt. Denn bevor ich rede, muss ich hören. Zusammen mit dem Hören auf das Wort Gottes muss ich den Menschen zuhören, zu denen ich mit meinem Verkündigungsauftrag gesandt bin. Wenn immer mal wieder davon die Rede ist, dass es darum geht, Menschen im Glauben sprachfähig zu machen, werde ich skeptisch. Warum ist es nötig, dass unsere Gemeindeglieder oder andere Menschen unsere theologisch-kirchliche Sprache lernen, die für die allermeisten Menschen eine Fremdsprache ist? Ich finde es viel wichtiger, dass kirchliche Mitarbeiter:innen die Sprache der Menschen in den

---

[72] Die macht in sehr anschaulicher Weise die spannende Darstellung der deutschen Philosophie nach dem Ersten Weltkrieg (1919-1929) durch Wolfram Eilenberger deutlich: Ders., Zeit der Zauberer.
[73] Ulrich H. J. Körtner, Gottesglaube, 82.

öffentlichen Räumen lernen und zuhören, welche Fragen sie bewegen und welche Überzeugungen sie haben. Denn ich bin der festen Überzeugung, dass sie sehr wohl ihre Fragen, ihre Sehnsüchte, ihre Ängste, ihre Hoffnungen, ihre Träume, ihre Dankbarkeit, kurz: ihren Glauben in Sprache, jedenfalls symbolisch wiedergeben können – nur eben in einer Sprache, die nicht immer die Sprache der wissenschaftlichen oder kirchlichen Theologie ist: Auf Instagram und Facebook, in kurzen Filmen und Pop-songs, überhaupt in der populären Gegenwartskultur. Hier liegt die Wahrheit derer, die Theologie und Kultur-hermeneutik eng zusammendenken.

Die Sprachnot heute ist zunächst eine Hörnot. Ich fürchte, Karl Barth hilft hier nicht mehr weiter. Weiter-helfen kann eher, die authentischen Glaubenszeugnisse unserer Gemeinden bzw. der Menschen zu studieren.

Körtners Kritik an *Spiritualität* ist mir unverständlich; mir ist nicht klar, was er meint, da Spiritualität ein zugegeben sehr weiter Begriff für eine Fülle von Phänomenen ist: von Bibellesen und Beten über Singen bis hin zu Pilgern, Achtsamkeitsübungen und Klangschalenmeditation. Vie-les davon gilt als ur-evangelisch, anderes mag esoterisch anmuten. Hier müsste deutlich präziser argumentiert werden, damit es hilfreich wird. Darüber hinaus darf nicht übersehen werden, dass viele Menschen über geist-liche Praxis einen Weg zur Religion und zum Glauben finden. Spiritualitätspraxis ist ein wachsendes Feld kir-chengemeindlicher bzw. kirchlicher Arbeit. In einer schneller werdenden Welt mit wachsenden Ansprüchen an viele Menschen sind viele dankbar für kleine

Auszeiten, die erden und rückbinden (re-ligere) – an Gott. Dies pauschal zu diskreditieren geht weit an den Menschen vorbei, mit denen und für die wir Kirche sind.

„Als sich der Protestantismus bemühte, aus dem Christentum alles ‚Monastische' zu vertreiben, ergoss sich die kontemplative Dimension des religiösen Lebens damals spontan in die Musik, in die Oratorien von Johann Sebastian Bach oder Heinrich Schütz. Ergießt sich heute – in einer Zeit, in der kirchliche Institutionen ihre Attraktivität und ihre Glaubwürdigkeit verlieren, sich Kirchen entleeren und viele Christen sich nicht länger den moralischen Vorschriften der Kirche verpflichtet fühlen – auf eine ähnliche Art die ‚religiöse Energie' in eine nicht regulierte *Spiritualität*, die mehr Freiheit, Spontaneität und Kreativität bietet?", fragt der tschechische Theologe Tomas Halik.[74] Und wenn ja – wäre das schlimm? Oder können wir es begrüßen?

Schließlich fordert Körtner ein geschärftes christliches Profil – *nicht Gottoffenheit, sondern das Bekenntnis zu Christus als Heilsbringer*. Das klingt zunächst einmal plausibel und auch schön kernig. Profil ist immer gut, der Markenkern muss sichtbar werden. Aber bei näherem Hinsehen verunklart sich immens, was hier gefordert ist. Vielmehr stellt sich die Frage, ob irgendjemand wirklich präzise sagen kann, was denn eigentlich das christliche Profil ist, was das Bekenntnis zu Jesus Christus konkret beinhaltet und ob das Bekenntnis zu Jesus Christus nicht noch andere Aspekte enthalten könnte oder sollte als das zum

---

[74] Tomas Halik, Glaube 220.

„Heilsbringer". Gibt es das unterscheidend Christliche in der Eindeutigkeit, die Körtners Aussagen suggerieren?

Als „gelernter" Bibelwissenschaftler fällt mein Blick auf die Ergebnisse der religionsgeschichtlichen Schule, die von der Dialektischen Theologie mehr verdrängt als wirklich bearbeitet worden sind. Es ist und bleibt eine Tatsache, dass die christliche Religion in den Zeiten ihrer Entstehung immens viele Formen und Inhalte aus anderen Religionen adaptiert hat und darüber hinaus ein uneinheitliches Gebilde gewesen ist. Und daran hat sich bis heute nichts geändert. Vom Christentum im Singular zu sprechen, ist historisch betrachtet ein Ding der Unmöglichkeit. Damit ist, was Ernst Troeltsch nachdrücklich herausgestellt hat, zugleich ausgeschlossen, „den historischen Ursprung des Christentums als exklusiv normativen Bezugspunkt der Dogmatik anzusetzen."[75] Eine überzeitliche Wahrheit von Dogma und Bekenntnis – ich habe dies anderenorts als „chemisch reines Evangelium" bezeichnet[76] – gibt es nicht. Wahrheit ist immer kontextbedingt, das Evangelium und das Bekenntnis auch. Folgerichtig erkennt Troeltsch nur noch in den Prolegomena zur Dogmatik – also den methodischen Grundlagen und Grundentscheidungen – eine im engeren Sinne wissenschaftliche Aufgabe, während die materiale Dogmatik in den Bereich der Praktischen Theologie

---

[75] Arnulf von Scheliha, Dogmatik, 62. Im Folgenden beziehe ich mich auf die weiteren Ausführungen in diesem Aufsatz.
[76] Klaus Grünwaldt, Wo Gott mir nahekommt, 30.

gehört.[77] Die materiale Dogmatik wird zur Glaubens- und Lebenslehre und „die ‚Darstellung der christlichen Glaubensgedanken' ist, wie Troeltsch ausdrücklich an Schleiermachers Dogmatikprogramm anknüpfend formuliert, aus ‚dem *heutigen* christlichen Leben' zu schöpfen."[78]

Was bedeutet das für die Christologie? Arnulf von Scheliha macht den spannenden Vorschlag, „die Christologie ... mit der Analyse der historischen Jesus-Bilder gerade in ihrer Pluralität einsetzen zu lassen. Denn es liegt die Vermutung nahe, dass diese nicht nur die Pluralität einstmals gelebten Christentums, sondern auch die der gegenwärtigen Gesellschaft widerspiegeln."[79] Es sei das Ziel, „die überlieferten Lehrformeln auf gelebte Religion beziehbar zu machen."[80] Daraus, dass in der frühen Christenheit eine Vielzahl von Beschreibungen des Gottesverhältnisses Jesu existieren, schließt er auf eine „universelle Reformulierbarkeit seiner religiösen Bedeutung in der Gegenwart", da die Bedeutung „in neue, kulturell differente Milieus verschoben, dort entfaltet und angeeignet werden" kann. Geht man diesen Weg, werden dann aber auch theologische Topoi wie die Auferstehung oder die theologia crucis zu Aspekten der Christologie, verlieren aber ihre Zentralstellungen. „So kann die gegenwärtige

---

[77] Wenn man nicht gleich so weit gehen will wie Adolf von Harnack, der die Dogmatik der Belletristik zuordnet: vgl. Ulrich Körtner, Gottesglaube, 50 mit Anm. 61.
[78] Arnulf von Scheliha, Dogmatik, 64, dort die Nachweise auf die von Troeltsch zitierten Texte.
[79] Arnulf von Scheliha, Dogmatik, 78.
[80] Ebd.

Dogmatik aufmerksam werden auf Vollzüge christlicher Religiosität jenseits des dogmatisch prätendierten ‚Glaubenswissens‘, die dogmatisch rekonstruiert werden sollten, wenn es um die Erschließung des *gegenwärtigen* christlichen Bewusstseins zu tun sein will."[81]

Das heißt zugespitzt, dass das, was „christliches Profil" ist, nicht isoliert aus den Beständen der Bekenntnis-Tradition zu erheben sei, sondern dass – abgesehen von der Einsicht in die Kontextgebundenheit der Bekenntnis-Tradition – zumindest auch in die Gegenwart zu schauen ist, um zu erheben, wie sich christlicher Glaube hier ausspricht. Dass hierfür die Quellenlage höchst unübersichtlich und für eine methodisch kontrollierbare und verlässliche Darstellung problematisch ist, sei konzediert. Gleichwohl bleibt die Aufgabe. Und sie muss angegangen werden.

Es ist in jedem Fall als ein Fortschritt anzusehen, dass durch Forscher:innen wie Arnulf von Scheliha die gegenwärtigen Frömmigkeitsäußerungen auch theologisch ernstgenommen und nicht als erstes für korrekturbedürftig erklärt werden.

Ein Hinweis von Ulrich Körtner bleibt: Er macht darauf aufmerksam, dass bereits innerbiblisch Religionskritik betrieben wird. Er verweist dafür auf die Schriftprophetie, die nicht nur – wie Deuterojesaja in der genannten Stelle Jes 44,9-20 – gegen Kulte aus den Religionen der

---

[81] Arnulf von Scheliha, Dogmatik, 79. Dieser Aufgabe will auch der hier vorliegende Text dienen.

Umwelt polemisiert[82], sondern auch nach innen gegen religiöse Vorstellungen in Israel. Zielscheibe der Kritik der Propheten ist unter anderem die sogenannte Zionstheologie, die einen gewichtigen Grundstock der Theologie der Psalmen insgesamt bildet.

Diese Theologie ist für unsere Fragestellung insofern von immensem Interesse, als sie sich in weiten Strecken mit der oben rekonstruierten Gemeindetheologie berührt. Im Folgenden seien die bestimmenden theologischen Motive der Zionstheologie und der Psalmentheologie aufgeführt.

---

[82] Ob dies ein originärer Text von Deuterojesaja ist oder ein Zusatz, sei dahingestellt.

III Zionstheologie und Psalmen-Theologie – Paradigma menschlicher Frömmigkeit

Ein Sonnenuntergang – fotografiert vom Schloss Wernigerode aus mit Blick auf den Brocken. Das Bild steht insofern paradigmatisch für die Theologie der Psalmen, um die es im dritten Kapitel geht, als die Licht- und Sonnenmetapher im Gebetbuch des antiken Israel eine wichtige Rolle spielt. Dabei hat die Sonne sicher religionsgeschichtlich eine herausragende Stelle, sie ist aber auch deswegen beispielgebend, weil sie darauf hinweist, dass eine den Menschen zugewandte Theologie lebensweltlich anschlussfähig sein muss.

Das folgende Kapitel macht es sich zur Aufgabe, die Theologie der Psalmen, insbesondere der Psalmen Jerusalemer Prägung, darzustellen. Dies geht nicht, ohne etwas tiefer in die religionsgeschichtlichen Gegebenheiten einzusteigen. Darum hat der folgende Text ein etwas höheres wissenschaftliches Niveau.

Die Theologie Jerusalems[83] ist deswegen so spannend, weil in ihr verschiedene Geschichtsepochen und Kulturen Spuren hinterlassen haben. Man muss sich vor Augen führen, dass David bei seiner Einnahme Jerusalems keine leere Stadt vorgefunden hat, sondern Menschen, die ein religiöses Leben gepflegt haben. Und es ist zu erkennen, dass die vor David ausgeübte Religion auch weiterhin das religiöse Leben in Jerusalem beeinflusst hat – wahrscheinlich mindestens bis zur Zeit des babylonischen Exils.

Man kann – wenn auch mit Schwierigkeiten – diese vorisraelitische Gestalt der Theologie Jerusalems rekonstruieren. Für diese Rekonstruktion sind wir vor allem auf die Zeugnisse des AT angewiesen, weil wir authentische Zeugnisse aus Jerusalem *vor* der Zeit des AT kaum haben.

---

[83] Zu Geschichte und Religionsgeschichte Jerusalems vgl. Othmar Keel, Jerusalem. – Zur Theologie der Psalmen: Eine ältere Darstellung der Theologie der Psalmen findet sich bei Hans-Joachim Kraus, Theologie; ein Neuentwurf einer Psalmentheologie ist Hermann Spieckermann, Heilsgegenwart; monografisch ist die Zionstheologie zuletzt bearbeitet worden von Corinna Körting, Zion; und Michael Lichtenstein, Mitte (hier weitere Literatur); für eine lexikalische Bearbeitung verweise ich gerne auf Simone Paganini und Annett Giercke-Ungermann, Art. Zion/Zionstheologie. Schließlich sind für die Arbeit an einer Theologie der Psalmen noch die Arbeiten von Bernd Janowski zu nennen, zuletzt: Ders., Die „kleine Biblia".

Das ist methodisch nicht ganz ungefährlich, gelingt aber dennoch.

Ich wähle als Ansatz der Darstellung die Tatsache, dass man drei Gottheiten rekonstruieren kann, die wahrscheinlich im vor-davidischen Jerusalem zu Hause waren: Schalem, Zädäq und die Sonnengottheit.[84] Die „Aufgaben" bzw. Kompetenzen dieser Gottheiten sind in der Geschichte der Stadt immer mehr vom Gott Israels, JHWH, wahrgenommen worden.[85] Das mit diesen Gottheiten verbundene Denken – insbesondere die Vorstellung einer lebensförderlichen Weltordnung – ist ein wesentliches Element der Jerusalemer Theologie und der Psalmentheologie geworden.

In einem zweiten Schritt will ich die Grundstrukturen der in den Psalmen enthaltenen Jerusalemer Tempeltheologie als einer der Grundlagen der Psalmentheologie und der Theologie des Alten Testaments skizzieren. Im dritten Schritt zeichne ich den Hoffnungsaspekt der Psalmentheologie nach.

---

[84] Dass ich die Sonnengottheit als dritte Gottheit anführe, geschieht vor allem aus Gründen der strukturierten Darstellung. Denn es spricht einiges dafür, dass die ersten beiden Gottheiten Schalim/Schalem und Zädäq als solare Gottheiten zu denken sind.

[85] Man nennt den Prozess der Übernahme von Kompetenzen der Sonnengottheiten durch JHWH Solarisierung JHWHs.

III.1. Gottheiten im vordavidischen Jerusalem
III.1.1. Frieden

Der Name der Stadt *Jerusalem* bedeutet „Schauung Schalems". Dabei meint „Schauung" so viel wie „Gründung". Wer oder was ist *Schalem?* Wir kennen das Wort Schalom – Friede. Das Wort Schalom hat im altorientalischen und biblischen Raum aber eine sehr umfassende Bedeutung. Aus den altorientalischen Parallelen bieten sich einerseits „Wohlsein" an, das im Akkadischen dominiert, aber auch „Versöhnung, Vereinbarung", wie es in Mari vorkommt. Jedenfalls ist *Schalom* „ein zutiefst positiver Begriff, der mit den Vorstellungen von Unversehrtheit, Ganzheit, Heilsein von Welt und Mensch zu tun hat."[86] Nimmt man eine Grundbedeutung „fertig, vollendet werden" an[87], erkennt man von hier aus – Vollendung des Tages – einen semantischen Weg zur Gottheit der Abendröte, die aus dem Götterpaar Schachar (Morgendämmerung) und Schalim bekannt ist.[88] Der Name Jerusalem sagt also aus, dass die Stadt eine *Gründung der solaren Gottheit Schalim* ist. Im weiteren Verlauf der Wortgeschichte meint Schalom dann eine Ganzheit im Sinne von Heil an Körper und Seele, also ein umfassendes Wohlergehen. In diesen Bedeutungszusammenhang gehört denn auch der Friede.

Die biblische Vorstellung des *Schalom* ist somit eine Übernahme aus dem Jerusalemer -, also letztlich dem weiteren altorientalischen Raum. Der Begriff des „Friedens" ist

---

[86] F. J. Stendebach, Art. Schalom, 19.
[87] Hebräisches und aramäisches Lexikon zum Alten Testament, 1419.
[88] Othmar Keel, Jerusalem, 26f.

einer der Begriffe, die die Theologie Jerusalems auch in der Zeit nach David stark geprägt haben. Dabei sind die Bereiche des Lebens, die vom Frieden betroffen werden, vielfältig: Es ist sowohl der Bereich der Gesellschaft im Blick als auch die Natur.

Die umfassende Bedeutung von Schalom wird auch daran deutlich, dass *Schalom* eine Grußformel ist, so wie heute in Deutschland „Guten Tag".

Theologisch ist der Begriff vor allem bei den Propheten – ab Jesaja – und in den Psalmen beheimatet. Beginnt man gleich vorne bei Psalm 4, findet man den wunderbar tröstlichen Satz: „Ich liege und schlafe ganz mit Frieden, denn allein du, JHWH, hilfst mir, dass ich sicher wohne." (4,9) Hier geht die Friedensvorstellung mit dem Empfinden von Sicherheit, Schutz und Behütung einher. In Psalm 29,11 – einem Psalm mit erkennbar altorientalischem Hintergrund – steht Frieden parallel zu Segen und Kraft und in Psalm 38,4 in Verbindung mit leiblicher Gesundheit.

Psalm 72 verwendet mehrfach den Schalom-Begriff im Zusammenhang mit den Aufgaben des Königs.[89] Das segensreiche Wirken des Königs hat zur Folge, dass „die Berge Frieden bringen" (V.3), ja „Fülle des Friedens" seien (V.7). Der Jerusalemer Psalm 85 zeichnet das Bild, dass „Gerechtigkeit und Frieden einander küssen"; das heißt, zwei der Gottheiten des vorisraelitischen Jerusalem stehen in inniger Beziehung zueinander: Heil entsteht

---

[89] Vgl. Bernd Janowski, Anthropologie des Alten Testaments, Tübingen 2019, 448-455.

insbesondere dort, wo sie zusammenwirken. Die enge Beziehung von Schalom zu Jerusalem wird besonders in Psalm 122 deutlich, wenn gefordert wird, man möge der Stadt Frieden wünschen: Frieden in den Mauern, also den Bewohner:innen, und Glück den Palästen. (V.6-8).

Im Jesajabuch und im Michabuch finden sich Passagen, in denen wieder der Schalom-Begriff mit dem Königtum in einen Zusammenhang gestellt wird.

In Jesaja 9,5 lautet der letzte Thronname des frisch geborenen Herrschers *zar-schalom* – bei Luther übersetzt mit „Friedefürst". Daraus ist zumindest dies zu schließen, dass diejenigen, die die Thronnamen kreiert haben, mit dem Wirken des Königs – wie im Alten Orient üblich – ein umfassendes Wohlergehen des Volkes verbunden haben. Dieses Wohlergehen ist auch in zeitlicher Dimension umfassend: Friede ohne Ende (Jesaja 9,6). Diese Vorstellung wird – ohne dass allerdings der Begriff Schalom fällt – sachlich in Jesaja 11 weitergeführt, wo das Bild eines endzeitlichen Friedens gemalt wird, das auch die Tierwelt umfasst. Sacharja 9,9-10, ein weiterer Weihnachtstext, kündigt der Tochter Jerusalem von einem Herrscher, der den Völkern der Welt Frieden zusprechen kann, da Gott selbst – so jedenfalls der hebräische Text[90] – die Waffen vernichtet hat. Micha 5,4 geht in seiner Verknüpfung von Herrscher und Frieden noch einen Schritt

---

[90] Die textkritische Entscheidung ist kompliziert und demgemäß umstritten; vgl. Horst Seebass, Herrscherverheißungen, 61f. Die Vorstellung, dass Gott selbst die Waffen zerstört, findet sich im zionstheologischen Psalm 46,10. Hiervon ist Sacharja 9,10 ein herrlicher Nachklang.

weiter, indem dort der erwartete Herrscher „Schalom" genannt wird: „Er wird das Heil sein."[91] Ohne einen (neuen) Herrscher ist umfassendes Wohlergehen nicht denkbar.

In dieser Verwendung im Micha-Buch wird sichtbar, dass der Begriff des Friedens hier eine futurische Perspektive eingenommen hat. Menschen erhoffen angesichts ihrer deprimierenden Gegenwart von Gott ein zukünftiges Handeln, das einen umfassenden Heilszustand herbei-führt.

Erwähnt werden soll zu dem Begriff des Friedens noch, dass das mit der Wortwurzel *schlm* gebildete Verb in der Rechtsterminologie des Alten Testaments den Ausgleich bzw. den Ersatz oder die Erstattung bezeichnet. Wer et-was gestohlen, veruntreut oder zerstört hat, soll das er-setzen und damit ausgleichen. Diese Verwendung des Wortes ist insofern theologisch interessant, als hinter der Vorschrift zu erstatten der Wille steht, dass das gesche-hene Unrecht wiedergutgemacht wird und so in dem So-zialraum, in dem Schädiger:innen und Geschädigte leben, wieder Friede einkehren kann.[92] So wird die Ordnung der Welt wiederhergestellt – womit wir bei der zweiten Gott-heit sind.

---

[91] So nach Jörg Jeremias, Propheten, 179. „D. h. das Heil bringen oder verkörpern. Möglich ist auch die Übersetzung: ‚Dies wird das Heil sein', eventuell auch ‚Er wird der Heilbringer sein'". Ebd. Anm. 188. Diese Identifikation übernimmt dann Epheser 2,14.
[92] Vgl. Klaus Grünwaldt, Auge um Auge, 31-44.

III.1.2 Gerechtigkeit

Die zweite Gottheit, die in Jerusalem zu Hause war, ist Zädäq.[93] Dass Zädäq eng mit *Jerusalem* verbunden ist, kann man daran erkennen, dass die Gottheit in Texten, die traditionsgeschichtlich (natürlich nicht literarisch!) zweifellos im alten, vordavidischen Jerusalem wurzeln, verschiedentlich vorkommt. Dass mit Zädäq eine *Gottheit* bezeichnet ist, machen verschiedene Namen wahrscheinlich, die mit diesem Begriff gebildet werden. Zum Beispiel heißt der König von Salem, der nach Genesis 14,18 mit Abraham (also lange vor David) zu tun hat, Melkizädäq – *mein König ist Zädäk*. Melkizädäq kommt dann auch in Psalm 110 wieder vor. Es hat eine hohe Wahrscheinlichkeit für sich, dass „Melek" – König hier metaphorisch für einen Gott steht, auch weil der Gott Zädäq auch in anderen westsemitischen Kulturen belegt ist.[94] Dieselbe Vermutung gilt für Josua 10,1+3. Hier, also nach der erzählten Zeit auch vor David, heißt der König von Jerusalem Adonizädäq – mein Herr (meint: Gott) ist Zädäq.[95] Noch bei Jesaja – 300 Jahre nach David – wird

---

[93] Vgl. Othmar Keel, Jerusalem , 53.

[94] Vgl. Hans Heinrich Schmid, Gerechtigkeit, 75-77. In diesem Sinne sagt auch Miriam von Nordheim-Diehl, Art. Melchisedek: „Angesichts anderer altorientalischer Texte kann der Name auch ein theophores Element enthalten und entweder ‚mein König / Gott ist Gerechtigkeit' oder ‚mein König ist (der Gott) Zedek' bedeuten".

[95] Vgl. Manfred Görg, Josua, 48. Dominik Markl, Art. Adoni-Zedek, schreibt: „Die Deutung des Namens als ‚mein Herr ist Zedek' versteht Zedek als Gottesnamen (vgl. Adonija – ‚mein Gott ist Jah'), was insbesondere durch ugaritische Belege für diese Namensform sowie die Erwähnung des phönizischen Gottes Suduk bei Philo von Byblos bekräftigt wird".

Jerusalem als Stadt angesprochen, in der Zädäq zu Hause ist (Jes 1,21-26).[96] So lange halten sich Traditionen.

Zädäq heißt übersetzt Gerechtigkeit. Was ist damit im Alten Testament gemeint? Gerechtigkeit ist hier nicht zu allererst im Sinne einer ausgleichenden Gerechtigkeit (wie du mir, so ich dir) zu verstehen, sondern im Sinne einer umfassenden Weltordnung.[97] Wenn Zädäq herrscht, ist die Welt in einem geordneten Zustand, in einem heilvollen (Schalom!) Gleichgewicht, wodurch es allen Menschen – zumindest jedoch den „Guten", also denen, die gerecht (*zaddiq*) handeln – gutgeht. Dieses Konzept einer göttlichen, jedenfalls von Gott behüteten Weltordnung gibt es übrigens auch im alten Ägypten, dort heißt es Ma'at.[98] In den mesopotamischen Kulturen ist mit den Begriffen *kittu* und *mišarum* „Recht und Gerechtigkeit" ein vergleichbares Weltordnungskonzept zu finden.[99] Für beide Konzepte, das ägyptische wie auch das mesopotamische, gilt, dass in ihnen sowohl die Sonnengottheiten (Re; Schamasch) als auch das Königtum – der König als Repräsentant der Gottheit – eine herausragende Rolle spielen. So wird man nicht fehlgehen, auch in Zädäq eine solare Gottheit zu sehen.

Kennzeichnend für das alttestamentliche Verständnis von Gerechtigkeit ist, dass sie nicht auf einen Kodex von

---

[96] Hans Wildberger, Jesaja, 59, schreibt: „Die enge Verbindung zwischen Jerusalem und Gerechtigkeit wird letztlich darin begründet sein, daß man in ihm bereits in vorisraelitischer Zeit das Gottesepitheton *sdq* kannte".

[97] Dies hat Hans-Heinrich Schmid, Gerechtigkeit, herausgearbeitet.

[98] Hierzu grundlegend Jan Assmann, Ma'at.

[99] Vgl. Stefan M. Maul, König.

Vorschriften (Gesetz) bezogen ist, also einen objektiven Gradmesser gerechten Handelns, sondern auf die Gemeinschaft bzw. den Sozialraum. Das herausgearbeitet zu haben ist der bleibende Verdienst von Klaus Koch, der bekanntlich gelehrt hat, zädäq mit „Gemeinschaftstreue" zu übersetzen.[100] Hier knüpft die gegenwärtige alttestamentliche Forschung an, die – dabei insbes. die ägyptologischen Arbeiten Jan Assmanns aufnehmend – mit Blick auf die altorientalischen und alttestamentlichen Gerechtigkeits-Konzepte von einer „konnektiven Gerechtigkeit" spricht. Konnektivität meint das Verknüpfen. Die Dinge stehen miteinander in einer Beziehung, einer Verbindung. Im Konzept der konnektiven Gerechtigkeit „ist alles Handeln so miteinander verbunden und in diesem Sinne ‚gerecht', dass, wer unaufrichtig, trügerisch oder frevlerisch handelt, die Kontinuität der Wirklichkeit unterbricht, die … auf der ‚Verfugung' aller Taten besteht."[101] Hier sind nicht nur die Tat und das Ergehen miteinander verbunden, sondern auch Gott und Mensch und die Menschen in ihrem Sozialraum, der das Ökosystem einbezieht. „Erst die konnektive, d. h. soziale und ökologische Qualität der G.[erechtigkeit] verknüpft die disparaten Erscheinungen der Welt zu einem sinnvollen Kosmos."[102]

Die Auswirkung von ungerechtem bzw. gerechtem Handeln auf den gesamten Kosmos – also die spürbare

---

[100] Klaus Koch, Vergeltungsdogma.
[101] Bernd Janowski, Anthropologie, 503.
[102] Joachim Kügler, Art. Gerechtigkeit, 223.

Verwirklichung von Gerechtigkeit als Weltordnung –
kann an zwei Psalmen beispielhaft studiert werden.

Psalm 82 ist ein nur schwer zu datierender, aber doch vermutlich vorexilischer, vielleicht sogar vor der Zerstörung
des Nordreichs anzusetzender Text.[103] Er setzt erkennbar
polytheistische Verhältnisse voraus: Gott – gemeint ist
der Gott Israels, der hier nicht mit Eigennamen genannt
ist[104] – steht in der Versammlung der Götter.

Er klagt die Götter an, die Gerechtigkeit gegenüber den
Armen, Waisen, Bedürftigen und Elenden zu vernachläs-
sigen (V.2-4). Durch diese im wahrsten Sinne des Wortes
himmelschreiende Ungerechtigkeit ist der ganze Kosmos
berührt und gerät in Unordnung: „Es wanken alle Fun-
damente der Erde." (V.5) Durch den Mangel an prakti-
zierter Gerechtigkeit sind nicht nur die genannten sozialen Gruppen betroffen, sondern das Weltganze. Die
Weltordnung ist bedroht, wo keine Gerechtigkeit
herrscht. Um sie wiederherzustellen, braucht es das Eingreifen des Gottes Israels gegen die Götter in der Versammlung.

Dementsprechend ist die Gerechtigkeit ein besonders
wichtiges Attribut Gottes. Mehr noch: „Recht und Gerechtigkeit sind die Stützen deines Throns", beten Psalm
89,15 und (ähnlich) Psalm 97,2. Seine enge Verbindung
mit der Kategorie der Gerechtigkeit lässt Gott als Richter

---

[103] Zur Forschungsgeschichte vgl. Sebastian Diez, Forschungsgeschichte.
[104] Psalm 82 ist der vorletzte Psalm im in Psalm 42 beginnenden „elo-
histischen Psalter", in dem der JHWH-Name durch *Elohim* „Gott" er-
setzt ist.

erscheinen, wie es z. B. Psalm 50,6 sagt: „Die Himmel sollen seine Gerechtigkeit künden; Gott selbst wird Richter sein."

Dies führt zu einem weiteren Aspekt der Gerechtigkeit, der in der Wissenschaft stark diskutiert wird; es ist der Aspekt der „rettenden Gerechtigkeit".[105] Man kann sich diesen Aspekt besonders gut an Psalm 72 vor Augen führen.[106]

Psalm 72, der in diesem Text schon Thema gewesen ist, ist zweifellos ein Psalm, der das Königtum als bestehend voraussetzt, also in die Zeit vor 587 v. Chr. gehört. Sein Thema ist das Königtum, dessen Legitimation und dessen Aufgaben. Gleich der erste Vers stellt die Beziehung zwischen Gott und dem König klar: „Gott, deine Rechtsentscheide gib dem König und deine Gerechtigkeit dem Königsthron." Damit steht fest, dass der König im Auftrag und in der Vollmacht Gottes handelt – jedenfalls handeln soll. Diese enge Beziehung zu Gott und diese Aufgabenstellung machen verständlich, warum das Alte Testament so „gereizt" auf Könige (oder überhaupt Hochgestellte) reagiert, die Ungerechtigkeit walten lassen oder gar fördern.

Charakteristisch für das Beziehungsgeflecht zwischen Gott, König, Natur und Volk ist die vielfältige Konkretion der Aufgabe als Fürsorge für die Rechtlosen

---

[105] Vgl. Bernd Janowski, Gerechtigkeit.
[106] Vgl. zum Folgenden Bernd Janowski, Anthropologie, 448-455.

einerseits und Vermittler an Wohlergehen für das Land und das Volk.

Die erste Konkretion weist sogleich in die Richtung der rettenden Gerechtigkeit:

„Er (der König) richte dein (Gott) Volk in Gerechtigkeit und die Elenden mit Recht." (V.2)

V.4 führt diesen Gedanken fort:

„Er richte die Elenden des Volkes, er rette die Söhne des Armen und zerschlage den Unterdrücker."

Das heißt, die Verwirklichung der Gerechtigkeit Gottes, also der Ordnung der Welt, geschieht konkret so, dass er die Rechtlosen rettet und diejenigen, die für Unterdrückung, also Ungerechtigkeit verantwortlich sind, mittels seines Gerichtes zerschlägt.

Um seine Aufgabe im Auftrag Gottes wahrnehmen zu können, wünscht der Beter dem König ein langes Leben „vor der Sonne"[107] und vor dem Mond. Hier klingt nach, dass das richtende und rettende Handeln im Sinne der Weltordnung nach allgemeiner Überzeugung des Alten Orients im Angesicht des Sonnengottes geschieht.

Damit sind wir bei der dritten Gottheit, die im vordavidischen Jerusalem zu Hause war.

---

[107] So mit Bernd Janowski, Anthropologie, 448 und Erich Zenger/Frank-Lothar Hossfeld, Psalmen, 415 (gegen die als Übersetzung abgedruckte Einheitsübersetzung!).

III.1.3. Sonnengott

Als drittes ist die *Sonnengottheit*[108] zu nennen, die im ganzen Alten Orient eine hervorragende Rolle gespielt hat. Wir kennen sie mindestens aus Ägypten, wo sie unter dem Pharao Echnaton in fast monotheistischer Weise hervorgehoben wurde (Amarna); und in den anderen altorientalischen Kulturen wie etwa der mesopotamischen war die Sonnengottheit – wie gesagt – die Hüterin des Rechtes.[109]

Dafür, dass in Jerusalem der Sonnengott bis weit in die biblische Zeit hinein eine wichtige Rolle gespielt hat, gibt es eine ganze Reihe von Hinweisen.

Aus Ugarit sind Texte bekannt, die das Paar Schachar und Schalim – Morgen- und Abenddämmerung – als Götter kennen. Wir haben oben gesehen, dass die Wortwurzel „*Schlm*", die in Schalim vorkommt, auch im Namen der Stadt Jerusalem vorhanden ist, der „Schauung (des Gottes) Schalem/Schalim" bedeutet.

In einer Beschwörung gegen Schlangengift (KTU 1.100) heißt es:

„Sonne, Mutter, bringe meinen Ruf zu Schachar und Schalim in den Himmel."[110]

---

[108] Othmar Keel, Jerusalem, 43.
[109] Auch in vielen anderen Kulturen und Religionen spielte die Sonnengottheit eine herausragende Rolle, so etwa in den südamerikanischen Kulturen der Azteken, Maya und Inka, bevor diese von den Europäern gewaltsam christianisiert wurden.
[110] TUAT II, 349.

Und in einer Beschwörung gegen die schädlichen Naturkräfte (KTU 1.23) findet sich im mythologischen Teil des Rituals die Erzählung der Zeugung und Geburt dieses Paares:

„Beim Küssen (trat) Empfängnis (ein), beim Umarmen (kam) Liebesglut auf. Sie kreiß[ten und] gebaren Schachar und Schalim. Die Botschaft brachte man zu El: 'Die [beiden] Frau[en] Els haben geboren!' ‚Was – sie haben geboren?!' ‚Ja, die beiden Kinder Schachar und Schalim!'"[111]

Hierzu kommen Ortsnamen, die auf die Verehrung einer Sonnengottheit hinweisen. Sonne heißt auf Hebräisch Schämäsch, und mit diesem Namensbestandteil gibt es einige Lokalitäten in der Nähe von Jerusalem, z. B. Bet-Schämäsch (Haus/Tempel der Sonne) oder En-Schämäsch (Quelle der Sonne).

Eine ganze Reihe von Erzählungen im Alten Testament lassen Sonnengott-Motive erkennen; allerdings gehören diese Erzählungen nicht nach Jerusalem. Immerhin machen sie es wahrscheinlich, dass auf dem Boden des späteren Israel Sonnengott-Kulte zu Hause waren – was auch aus allgemeinen Erwägungen (Verbreitung der Sonnenanbetung im Alten Orient) plausibel ist. Die Erzählungen sind Sodom und Gomorrha (1. Mose 19), Jakobs Kampf am Jabbok (1. Mose 32) und Josuas Schlacht bei Gibeon (Josua 10), in der das Gebet Josuas überliefert wird:

---

[111] TUAT II, 355.

„Sonne, in Gibeon steh still, und Mond in der Ebene von Ajalon."

Da stand die Sonne still und der Mond blieb stehen. (V.12-13)

Und schließlich erfahren wir z. B. von dem Propheten Ezechiel (Ez 8,16-18), dass Männer im Tempel – genauer: im inneren Vorhof beim Eingang zwischen dem Vorraum und dem Altar[112] – die Sonne anbeten.

Wie die Tatsache einer sich über Jahrhunderte hinziehenden Verehrung solarer Gottheiten auf dem Boden Israels/Judas zu erklären ist, ist unsicher. Einerseits kann man argumentieren, dass die assyrische Krise der israelitischen Religion Mitte seit dem 8. vorchristlichen Jahrhundert, also das Eindringen assyrischer Religion in den offizielle Kult in Jerusalem, zu einer Solarisierung Gottes bzw. zum Aufkommen einer Anbetung der Sonne geführt hat. Wahrscheinlicher ist es aber zu vermuten, dass es eine ungebrochene Tradition der Anbetung der Sonne in Jerusalem gegeben hat, die sich darin konkretisiert hat, dass JHWH, der Gott Israels, einen Prozess der „Solarisierung" durchlaufen hat, der sich bis in die nachexilische Zeit hingezogen hat.[113]

Als David Jerusalem eingenommen hat, war dort die Verehrung von Sonnengottheiten üblich. Dort, wo der erste Tempel stand, war vermutlich in früher Zeit ein Heiligtum des Sonnengottes. Hierfür spricht zum einen die

---

[112] Übersetzung nach Walther Zimmerli, Ezechiel, 188.
[113] Vgl. hierzu Martin Leuenberger, Gott, 34-71; Bernd Janowski, JHWH.

Evidenz, dass es in Jerusalem vor der Eroberung durch David ein solches Heiligtum bzw. einen Ort zur Anbetung gegeben haben muss. Zum anderen ist dies erkennbar aus dem Spruch 1. Könige 8,12, mit dem der Tempel geweiht wurde.

In seiner ursprünglichen Fassung, die noch in der griechischen Version des Textes erkennbar ist, lautete der Spruch wohl folgendermaßen:

Die Sonne(ngottheit) hat am Himmel kundgetan:

JHWH hat gesagt, er wolle im Dunkeln thronen.[114]

„Der Sonnengott als ursprünglicher Eigentümer des Heiligtums gibt Salomo die Anordnung, ein Haus zu bauen, weil JHWH, sein Gast und Beisasse, im Gegensatz zu ihm selbst im Dunkeln wohnen wolle."[115] Es gibt gute Gründe zu vermuten, dass der von Salomo errichtete Tempel nicht ein Neubau, sondern eine Renovierung oder ein Anbau an ein bestehendes Heiligtum gewesen ist[116], dass also JHWH und der Sonnengott gleichsam eine Wohngemeinschaft (Kohabitation[117]) gebildet haben.

Es ist zu erkennen, wie vor allem in Jerusalem dem eingewanderten Gott Israels mehr und mehr Eigenschaften des Sonnengottes zugewachsen sind. (Das ist mit dem

---

[114] Othmar Keel, Jerusalem, 55.
[115] Othmar Keel., Jerusalem, 56. – Für die breit belegte Bildüberlieferung der solaren Motivik vgl. Othmar Keel/Christoph Uehlinger, Göttinnen, 282ff.
[116] Vgl. Thomas Römer, Erfindung, 112f.
[117] Thomas Römer, Erfindung, 114.

Begriff der „Solarisierung" gemeint). Das zeigt, dass die „natürlichen" Eigenschaften des Sonnengottes, also seine Affinität zu Leben und Licht, von den Menschen gebraucht werden. Dies gilt auch abgesehen von seinen darüber hinausgehenden Zuständigkeiten. Im Alten Orient waren – wie oben gesagt – vor allem das Recht und die Gerechtigkeit ureigenste Zuständigkeitsbereiche der Sonnengottheiten, jedenfalls im mesopotamischen Bereich. So nennt sich König Hammurapi von Babylon (frühes 18. Jh. v. Chr.) im Prolog seines berühmten Rechts-Kodex „der dem Sonnengott gehorcht". Das heißt, im Zusammenhang der Rechtssetzungsfunktion des Königs wird ausdrücklich auf seine Übereinstimmung mit dem Willen des Sonnengottes hingewiesen.[118] Der Epilog ist noch etwas gesprächiger:

„Auf Befehl des Sonnengottes, des großen Richters des Himmels und der Erde, möge meine Gerechtigkeit im Lande sichtbar werden."[119]

Und im Epilog des noch älteren Codex Lipit-Ischtar (1934-1924 v. Chr.) heißt es:

„Auf das [verläßlich]e [Wort] des Utu hin ließ ich Sumer (und) Akkad rechte Urteilssprüche fürwahr erhalten."[120]

Utu ist der Sonnengott.[121]

---

[118] TUAT I/1, 41.
[119] Ebd. 76.
[120] Ebd. 30.
[121] Zum Sonnengott in der babylonisch-assyrischen Religion vgl. Bernd Janowski, Rettungsgewißheit, 30-55, sowie Stephan Lauber, Art. Sonne, hier Abs. 2.2 sowie die dort genannte Lit.

Zur Bedeutung des Sonnengottes in Ägypten muss nicht allein auf die Amarnazeit hingewiesen werden, in der Amenophis IV. (Echnaton) die Sonne zur alleinigen Gottheit erhob.[122] Seit dem Alten Reich hat der Sonnengott seine Bedeutung im Nachdenken über Leben und Tod. Auch seine Funktion als Garant der Rechtsordnung ist überliefert.[123]

Dass der Sonnengott im Zusammenhang mit dem Rechtssystem, also mit „Recht und Gerechtigkeit" steht, weiß auch noch das Alte Testament. Hier ist u. a. auf das Motiv der Hilfe Gottes am Morgen hinzuweisen, das z. B. in Psalm 46,6 überliefert ist[124], sowie auf die Wendung von der „Sonne der Gerechtigkeit" in Maleachi 3,20, die wohl auf die Ikonografie der Flügelsonne zurückweist.

Schließlich gibt es eine ganze Reihe von Stellen im Alten Testament, in denen Gott und die Sonne bzw. das Licht gleichgesetzt werden bzw. in denen von seinem Leuchten die Rede ist.[125] Dies ist eine Vorstellung bzw. ein Sprachgebrauch, die bzw. der bis zu der Christus-Licht-Metaphorik anhält.[126]

Bemerkenswert finde ich die hermeneutisch-theologische Abschlussreflexion Martin Leuenbergers am Ende seiner

---

[122] Neben dem in der vorigen Anm. genannten Artikel von Stephan Lauber – hier Abs. 2.1. – verweise ich gerne auf den schönen Ausstellungskatalog Friederike Seyfried (Hg.), Im Licht von Amarna.
[123] Bernd Janowski, Rettungsgewißheit, 164f.
[124] Hierzu vgl. Michael Lichtenstein, Mitte, 271-285. Die Belege bei Stephan Lauber, Art. Sonne, 3.4.1.
[125] Die Stellen nennt Stephan Lauber, Art. Sonne, 3.4.2.
[126] Martin Leuenberger, Gott; Klaus Grünwaldt, Licht, zum NT S. 17-19.

Ausführungen zur „Solarisierung des Wettergottes Jhwh"[127]. Er spricht – völlig zu Recht – von der „bleibenden Attraktivität der theologischen Metapher von Gott als Sonne, die eben nicht erstarrt, sondern ‚lebendig' geblieben ist … Die lebensweltliche Metapher von Gott als Sonne verdeutlicht exemplarisch die theologische Relevanz einer ‚natürlichen Theologie', die keineswegs Schöpfer und Geschöpf miteinander vermengt, sondern … immer wieder neu die Anschlussfähigkeit des (christlichen) Gottesglaubens expliziert: Dieser betrifft auch und gerade unspektakuläre, aber elementare Alltagserfahrungen des menschlichen Lebens."[128] Dem ist nichts hinzuzufügen.

III.2. Tempeltheologie

Der Ort Jerusalem ist im Alten Testament insbesondere dadurch ausgezeichnet, dass hier sowohl der Tempel als auch der Königspalast der Dynastie Davids standen. Beide sind eng miteinander verbunden. Der Tempel war – um es in einem anachronistischen Bild zu sagen – gleichsam die Eigenkirche der Königsdynastie Davids.[129]

Mit dem Tempel waren bzw. sind wichtige theologische Motive verbunden. Es ist das Verdienst religionsgeschichtlich arbeitender Forscher:innen, diese zentralen theologischen Motive angesichts des lange dominierenden Votums Gerhard von Rads, das Alte Testament sei

---

[127] Vgl. die vorige Anm.
[128] Ebd. 71.
[129] Vgl. Herbert Donner, Geschichte, 250.

ein Geschichtsbuch[130], in den letzten Jahrzehnten neu zu Gehör zu bringen.[131]

Grundvoraussetzung der Tempeltheologie ist, dass JHWH auf dem Zion im Tempel wohnt. Dass das Beziehen einer Wohnstatt für den ehemaligen Wettergott JHWH nicht von heute auf morgen ging, zeigt erinnernd noch die Erzählung 2. Samuel 7: David will ein Haus für JHWH bauen, aber der lehnt das brüsk ab. Er sei ein Gott in Bewegung, ein Gott, der mitgeht. Dazu passe kein Tempel. Aber angesichts des freundlichen Angebotes will JHWH David ein Haus bauen – also eine Dynastie.

Der Tempelbau (1. Könige 6-8) erfolgt dann durch Davids Sohn *Schelomo* (Salomo), dessen Name mit der in Jerusalem beheimateten und geschätzten Friedensvorstellung (Schalom) zusammenklingt.

Um diesen Tempel und den in ihm wohnenden Gott bildet sich ein beeindruckendes religiöses Symbolsystem. Viele Vorstellungen verbinden sich mit dem Ensemble von Gott, König und Tempel. Die Texte, aus denen diese Theologie zu rekonstruieren ist, sind vor allem – aber nicht nur – die Psalmen.

Neben den klassischen „Zionsliedern" (Psalm 46; Psalm 48; Psalm 76; Psalm 84; Psalm 87) stehen auch die Psalmen 2; 65; 95-99; 110; 122; 125; 128 und 132 in dieser Tradition. Aus den anderen alttestamentlichen Schriften

---

[130] Gerhard von Rad, Auslegung, 278.
[131] Interessanterweise war es Gerhard von Rad selbst, der gegen Ende seiner Wirksamkeit das Augenmerk auf die Weisheit legte, vgl. Gerhard von Rad, Weisheit.

ist u. a. der Prophet Jesaja zu nennen (etwa seine Berufung im Tempel Jesaja 6).

Der grundlegende tempeltheologische Glaubenssatz lautet: *Gott ist auf dem Zion anwesend.* Mehr noch: Gott *wohnt* auf dem Berg. Das hat zur Folge, dass auch die Stadt und der Bezirk des Tempels von Gott berührt werden. Der Tempelberg wird zu Gottes heiligem Berg (Psalm 2,6), Jerusalem gilt als Gottes heilige Stadt (Jesaja 48,2; 52,1).

Dass der Tempel ein Bauwerk Salomos ist, mag ein historisches Faktum sein. Theologisch wird anders von diesem Bauwerk gesprochen. Der bekannte Adventspsalm 24 (Macht hoch die Tür …) weiß, dass der Tempel „ewige Pforten" hat (V.7.9) – wie auch der Thron Gottes seit Ewigkeit steht (Psalm 93,2). Insofern, als dieser Gott, der im Tempel angebetet wird, ein ewiger Gott ist, eignet seinem Wohnort und dem dort vorhandenen Inventar der Charakter des Zeitlosen bzw. Überzeitlichen.

Spannend ist zu sehen, wie unter der eher statischen Tempeltheologie aus dem mythologisch-dynamischen Chaoskampf zur Thronübernahme des Gott-Königs[132] in *Psalm 93* eine Zustandsbeschreibung wird.[133] JHWH *ist* König. Zwar ist seine Königsherrschaft angefochten (V.3) – hier klingt Motivik des kanaanäischen Meeresgottes Jam an –, aber „gewaltiger als des Meeres

---

[132] Hier mag nachklingen, dass JHWH ursprünglich ein Wetter- und Kriegsgott gewesen ist, vgl. Martin Leuenberger, Gott, 7ff, und Thomas Römer, Erfindung, 49ff.
[133] Vgl. Jörg Jeremias, Königtum, 15ff.

Verheerungen ist Jahwe gewaltig in der Höh'."[134] Psalm 93 enthält Motive der alten Chaoskampftradition, „hat aber die Klärung der Machtfrage unter göttlichen Rivalen hinter sich."[135]

Typisch tempeltheologisch setzt der Psalm 93 Himmel und Erde miteinander in Beziehung. Von der Macht Gottes in der Höhe geht der Blick der Beter in den irdischen Tempel (V.5). Von hier aus ist Gott als Schutz für die Menschen da; hier kann JHWH angebetet werden.

Der Schutz Gottes ist Thema in *Psalm 46*, dem Psalm, der Luthers Lied von der „Festen Burg" zugrundeliegt.[136] Es fällt zwar auf, dass der Name Zion-Jerusalem nicht fällt, aber das Repertoire an Motiven ist klar und eindeutig:

Auf der einen Seite das Angst einflößende Bedrohungspotenzial:

- die schwankende Erde
- die wankenden Berge, die in den Tiefen des Meeres zu versinken drohen
- die schäumenden Wasser
- die zitternden Berge
- und – der Gattung nach davon zu unterscheiden – tobende Völker und wankende Königreiche.

---

[134] V.4, Übersetzung nach Hermann Spieckermann, Heilsgegenwart, 180.
[135] Reinhard Feldmeier/Hermann Spieckermann, Gott, 156.
[136] Vgl. zu Psalm 46 Klaus Grünwaldt, Predigtmeditation.

Es sind also vor allem Naturgewalten, die Schrecken verbreiten (V.2-4), und erst in zweiter Linie Menschen (V.7).

Kontrastierend dazu finden sich Beschreibungen dessen, was Gottes bzw. JHWHs Gegenwart auf dem Zion für seine Menschen bewirkt (V.5-7.10):

- der Strom und seine Kanäle erfreuen die Stadt bzw. die heilige Wohnung des Höchsten
- die Stadt wankt nicht
- Gott hilft bei Anbruch des Morgens
- Gottes Stimme wehrt die tobenden Völker ab
- Bogen, Schwert und Schild, also Kriegswerkzeuge, werden vernichtet

In der Zionstheologie, wie sie in Psalm 46 ihren Ausdruck findet, treffen also einerseits Erfahrung von Rettung und Bewahrung[137], andererseits die Sehnsucht nach – aber auch die begründete Hoffnung auf – Verstetigung der Erfahrung von Schutz und Bewahrung, Bergung und Beheimatung zusammen.

Kern der Botschaft ist: Gott/JHWH ist in unserer Mitte, darum wird uns nichts passieren, darum sind wir geschützt vor den Urgewalten der Natur und vor den heranstürmenden Feinden. Der Refrain in den Versen 8 und 12 bringt es auf den Punkt: „JHWH Zebaot ist mit uns, eine Burg ist uns der Gott Jakobs."

---

[137] Vor allem ist hier wohl an die Bewahrung vor der Einnahme der Stadt durch den Assyrerkönig Sanherib 701 zu denken.

Mit der Erfahrung der Bewahrung durch den im Kampf erprobten Gott verbinden die Psalmen die Rede von Gott als *Schöpfer*. Dass der Gott Israels als Schöpfer der Welt und der Menschen bezeichnet wird, ist nicht verwunderlich, da im gesamten Alten Orient die Weltschöpfung Tat der Götter ist. Kennzeichnend für das Reden von Schöpfung in den Psalmen ist aber weniger der Gedanke einer prima creatio – Gott ruft die Welt aus dem Nichts ins Dasein –, sondern die Verbindung des Schöpfungsgedankens mit dem Gedanken der Weltordnung.

Man kann das sehr gut an *Psalm 104* erkennen, einem Psalm, der als eine seiner Quellen den Sonnenhymnus von Pharao Echnaton deutlich zu erkennen gibt.[138] Der Psalm ist ein einziges großes Gotteslob. Das ist wichtig zu sagen, weil klar wird: Hier wird nicht die Schöpfung gepriesen, sondern Gott, der Schöpfer. Dabei ist es erstaunlich, dass in V.1 sogar ästhetische Qualifikationen erscheinen: mit Hoheit und Pracht ist er gekleidet, sein Kleid ist Licht (Sonnengott-Motivik).

In der Folge geht der Blick der Beterin vom Himmel und dem Luftraum (V.2-4) über die Erde (V.5-24) zum Meer (V.25-26). Im Blick auf den Himmel wird die Gründung des Firmamentes (V.3) und Gottes Herrschaft über die Elemente gepriesen. Die Erde steht fest gegründet, sagt V.5, dem Wasser hat Gott eine Grenze gesetzt (V.9), so dass es nun die Tiere tränkt (V.11-13). Das Erdreich gibt Nahrung für Menschen und bildet den Lebensraum für Tiere (V.14-19), und der Tag-Nacht-Rhythmus hat seinen

---

[138] Vgl. Othmar Keel/Silvia Schroer, Schöpfung, 163ff.

eigenen Sinn: Auch für die nachtaktiven Tiere ist gesorgt (V.20-22). „Alle Werke hast du in Weisheit gemacht", resümiert V.24. Selbst das mythologische Ur-Monster Leviathan ist nicht mehr als ein Spielgefährte Gottes (vgl. dagegen Hiob 40-41). Die Schöpfungsaussagen stehen im Dienst des Lobes Gottes als dem, der der Welt Ordnung und Sinn gegeben hat. Der Mensch braucht keine Angst zu haben, er kann vertrauen. „He's got the whole world in his hand!", auch dich und mich. Insofern, als es in dem Psalm um Ordnung geht, erscheint auch die bisweilen als Fremdkörper anmutende Polemik gegen Sünder und Frevler in V.35 als durchaus passend: Die Sünder und Frevler bedrohen die Ordnung, die der Psalm so wunderbar besingt; das Verschwinden der Frevler und Sünder fördert die Ordnung und erhält sie. Dass hier explizit vom Singen und Spielen, also vom Musizieren, die Rede ist, macht seine Beheimatung am Jerusalemer Tempel wahrscheinlich.

Zentrum der von Gott geschaffenen Welt ist Jerusalem, die Stadt ist schön und fruchtbar. Der Berg Zion mit dem Tempel bildet nicht nur eine vertikale Achse zwischen Himmel und Erde[139], sondern er bildet auch das Zentrum, den Nabel der Welt. Als solcher gilt der Zion als Inbegriff von Schönheit (Psalm 48,3; Psalm 50,2), und Klagelieder 2,15 belegt die Bezeichnung Jerusalems als „Vollkommene an Schönheit". Von Jerusalems Fruchtbarkeit erzählt das mythische Motivs vom „Paradiesstrom": Dem Tempel auf dem Zion wird ein Fluss entspringen, an dem

---

[139] Vgl. die Abbildungen bei Bernd Janowski, Anthropologie, § 8, insbes. 343ff.

wunderbare Bäume mit monatlich neuen, leckeren Früchten wachsen und dessen Wasser sogar das Tote Meer mit Leben erfüllen (Ezechiel 47,12).

Der auf dem Zionsberg und im Tempel wohnend gedachte Gott ist ein *gegenwärtiger, ein naher Gott.* Er ist für seine Menschen da. Da er im Tempel gegenwärtig ist, ist er auch für seine Menschen *zugänglich* und in seinem Namen JHWH *ansprechbar.* Sie können ihm begegnen. Daran ist zunächst bemerkenswert, dass die Psalmen der ansonsten vorherrschenden Perspektive des Alten Testaments auf das *Volk* eine etwas andere Nuance hinzufügen: Hier geht es um ein Ich-Du-Verhältnis zwischen Gott und Mensch. Kann man sagen, dass die die offizielle Religion das Volk im Blick hat, während es in den Psalmen um persönliche Frömmigkeit geht? Gewiss ist das kein Generalschlüssel, da es etwa auch eine Reihe Geschichtspsalmen gibt, die vom Volk als Ganzem sprechen. Aber dennoch bilden die Individualpsalmen den Grundstock des Psalters.[140] Die Perspektive des oder der Einzelnen wird auch durch die vielen besitzanzeigenden Fürwörter in der 1. Person Singular unterstrichen: mein Herr, mein Gott, meine Burg, meine Zuflucht, meine Stärke, meine Hilfe, mein Hirte usw.

Das Miteinander von Gott und Mensch gestaltet sich vor allem so, dass Gott den Menschen aus seinem reichen Fundus beschenkt. Gott wird in den Psalmen als der in seinem Tempel thronende und aus seinem Tempel heraus herrschende König geschildert. Seine Gegenwart füllt

---

[140] So Hermann Gunkel/Joachim Begrich, Einleitung, 173 zu den individuellen Klageliedern.

den Tempel und macht ihn zu einem Ort, an dem die Zeit von der Ewigkeit überwunden wird. Dem Königs-Gott eignet Ehre, Pracht, Herrlichkeit, Hoheit. Vor allem der hebräische Begriff *kabod* „Herrlichkeit" wird immer wieder wie ein Begriff gebraucht, der die Art und Weise der Anwesenheit Gottes in Tempel und Welt wiedergibt.[141] Dabei ist das Alte Testament vor Pantheismus (alles ist Gott) dadurch geschützt, dass die Weitergabe der Herrlichkeit an Mensch und Welt „unverfügbare, freie Gnadengabe Jahwes bleibt."[142]

Die Beziehung zwischen Gott und Mensch wird beispielhaft in *Psalm 8* deutlich:

(V.5) Was ist der Mensch, dass du seiner gedenkst,das Menschenkind, dass du dich seiner annimmst.

(V.6) Wenig von Gott ließest du ihn fehlen, krönst ihn mit Ehre und Hoheit.

Hier wird einerseits ein sehr optimistisches Bild vom Menschen gezeichnet. Der Mensch wird bei seiner Stärke angesprochen. Andererseits wird klar: Er ist nicht Gott, sondern das, was er hat: Ehre und Hoheit, wird ihm von dem Gott zugeeignet, der seiner gedenkt.

Spieckermann[143] verweist darüber hinaus auf Psalm 84, der seine Verwurzelung in der Sonnengott-Vorstellung garnicht erst zu verbergen versucht.

---

[141] Auch in der Rede vom *kabod* findet sich ein Nachklingen des Sonnengott-Motivs, vgl. Martin Leuenberger, Gott, 61-63.
[142] Hermann Spieckermann, Heilsgegenwart, 225.
[143] Ebd. 280f.

(12) JHWH ist Sonne und Schild, er schenkt Gnade und Ehre. Durch die Hochschätzung des Menschen gerät dann auch das Verbrechen an ihm zu einer Auflehnung gegen Gott selbst. Dies macht z. B. Micha 2,9-10a deutlich. Gott klagt durch den Propheten die Frevler an:

„Die Frauen meines Volkes vertreibt ihr, eine jede aus dem Haus ihres Wohlgefühls: ihren Kleinkindern entreißt ihr meine Zier für immer. [Ihr ruft:] ‚Auf, fort mit euch! Hier habt ihr keine Ruhestätte mehr!‘"

„Wenn der den Familien geraubte Erbbesitz ‚meine Zier‘ (V.9b) und ‚Ruhestätte‘ genannt wird, so werden religiös konnotierte Begriffe verwendet, … die größte Gabe, die Gott zu vergeben hat".[144]

Zu der Besonderheit der Tempeltheologie gehört weiterhin, dass in ihr die Rede von der Sünde kaum Platz hat. Das unterscheidet sie radikal von der Theologie der vorexilischen Gerichtspropheten wie dem eben zitierten Micha und dem großen exilischen Geschichtswerk der Deuteronomisten. Der im Tempel wohnende Gott ist vielmehr den Menschen in Gnade und Barmherzigkeit zugewandt. Das Miteinander von JHWHs Rettung, Schutz und Fürsorge einerseits und seiner gnädigen Zuwendung andererseits kulminiert in der sogenannten Gnadenformel:

---

[144] Jörg Jeremias, Propheten, 154.

Barmherzig und gnädig ist JHWH, geduldig und von großer Güte (Psalm 103,8).[145]

„Die Dominanz der heilsamen Zuwendung Jahwes zum Menschen ist so stark, daß selbst sein Zorn unter den verzögernden Einfluß seiner Güte gerät, ja daß jener überhaupt nur Daseinsrecht in der Umstellung mit Prädikationen der Gnade Jahwes zu genießen scheint."[146] Dabei ist es erstaunlich, dass vorauslaufende Gnade, Vergebung und Barmherzigkeit in den am Tempel beheimateten Psalmen nicht kultisch, also an Opfer gebunden, gedacht sind. Hat das damit zu tun, dass man JHWHs Gnade als über den Ort des Tempels überströmend erfahren hat?

Aus der Begabung des Menschen und Gottes Fürsorge und aus der Erfahrung von Gnade und Barmherzigkeit wächst *Vertrauen*, wie es sich etwa in den Psalmen 23; 91 und 121 ausspricht – Texte, die bis heute der Sehnsucht von Menschen Sprache verleihen.[147] Die große Stärke dieser Texte, die sie zu den beliebtesten Texten der Bibel überhaupt gemacht hat, liegt vielleicht darin, dass sie einerseits in wunderbaren Bildern von der Nähe und Fürsorge Gottes zu sprechen wissen: der Hirte und die Engel, die uns behüten. Andererseits verschweigen sie nicht, dass es finstere Täler gibt, dass man sich auf seinem Weg böse an Steinen stoßen kann und dass die Strahlen von Sonne und Mond beim Menschen Schaden anrichten

---

145 Diese Formel hat Hermann Spieckermann eindringlich ausgelegt in: Ders., „Barmherzig …"; Reinhard Feldmeier/Hermann Spieckermann, Gott, 130-140.
146 Hermann Spieckermann, Heilsgegenwart, 291.
147 Vgl. oben zu den in der Gemeinde verbreiteten Glaubensvorstellungen.

können. Es sind keine Texte von Frieden, Freude Eierkuchen, sondern erfahrungsgesättigte Vertrauensaussagen.

Und schließlich ist mit dem Zion bzw. mit Jerusalem ein Gedankengut verbunden, das sich theologisch mit dem *Königtum* befasst.[148] Der Zion ist der Ort, an dem Gott seinen König mit seinen Vollmachten eingesetzt hat (Psalm, 2,6).[149] Die Nähe des irdischen Königs zu Gott zeigt sich zum einen in der Rede von der (im Alten Orient üblichen) Gottessohnschaft des irdischen Königs. „Mein Sohn bist du, ich habe dich heute geboren" (Psalm 2,7; vgl. Psalm 110,3). Seinen Thron hat der irdische König zur Rechten Gottes (Psalm 110,1.5). Die Taten Gottes und des von ihm eingesetzten irdischen Königs scheinen zu verschmelzen, wenn zum König gesagt wird: „Vom Zion streckt der HERR das Zepter seiner Macht aus" (Psalm 110,2). Die Bindung des irdischen Königs an den Zion gibt diesem Halt, Macht und Sicherheit. Von hier aus wehrt er den Ansturm der Völker ab, der König ist aber auch soziale Instanz und Garant von Recht und Gerechtigkeit. Diese Zuständigkeit für das Recht hat er vom Sonnengott aus der ägyptischen und mesopotamischen Tradition – und aus dem vorisraelitischen Jerusalem – geerbt.

---

[148] Vgl. die Ausführungen zu „Gerechtigkeit" oben.
[149] Auch wenn es historisch genau umgekehrt war: David hat JHWH mit nach Jerusalem gebracht und sein Sohn Salomo hat ihm Wohnraum geschaffen.

III.3 Zion und Hoffnung

In der Exilszeit hat die Zionstheologie eine Wandlung erlebt. Das kann nicht überraschen. Denn die Einnahme Jerusalems und Judas durch die Babylonier, die Zerstörung des Tempels und die Deportation der Oberschicht – also das Einstürzen vieler Pfeiler, auf denen die Zionstheologie gründete – mussten Spuren im theologischen Denken hinterlassen. Das Exil gehört zu den einschneidendsten Erfahrungen in der Geschichte Israels. Die exilische Theologie greift die Unheilsankündigungen der vorexilischen Propheten auf, wenn sie erklärt, dass Gott anscheinend die Seiten gewechselt hat: Während die alte Zionstheologie Gott auf der Seite des Volkes gesehen hat, wird er nun als Gegner des Volkes identifiziert. Und während man ihn vor der Katastrophe Jerusalems als Bewohner des Tempels inmitten der Stadt wusste, rückt er nun weg: zunächst hinaus aus dem Tempel (Ezechiel 8-11), dann von der Erde in den Himmel (Psalm 53,3; 115,3; dazu der eminent tempelkritische Vers Jesaja 66,1).

Wenn man allerdings aus der Dunkelheit der exilischen Theologie kommt, strahlt das Licht der späteren Theologie umso heller. Das gilt auch für das Nachdenken und Hoffen über Jerusalem und die in ihr wohnenden Menschen. Die Fortschreibung des Jesajabuches in der Exilszeit – Deuterojesaja (zweiter Jesaja) genannt – verheißt dem Zion, dass seine Kinder aus der babylonischen Gefangenschaft zurückkommen. Die kinderlose Stadt wird wieder Kinder haben, und diese Kinder werden die Stadt wieder aufbauen (Jesaja 49,14-21). Und nicht nur die Kinder, Gott selbst wird zurückkommen. Er geht an der Spitze der Heimkehrer aus der Gefangenschaft.

Jerusalem/Zion soll sich aus dem Staub erheben, ihre Festkleider anziehen und sich auf den Thron setzen. Denn ihre Konkurrentin, Frau Babel, muss ihren Thron einbüßen (51,9-52,2).

Nach dem Exil bricht innerhalb von Jerusalem ein Streit aus. Es geht um die Frage: Muss der Tempel so schnell wie möglich wiederaufgebaut werden? In dieser Frage geht es um mehr als um eine bloße Bau-Frage. Es geht darum, ob die alte Zionstheologie, nach der Gott in der Stadt wohnt und sie beschützt, noch gilt.

So denkt Haggai: Das erste Kapitel seines kleinen Prophetenbüchleins ist ein großer Aufruf, den Tempel baldmöglichst wieder aufzubauen. Er sieht das Volk arbeiten, aber es liegt kein Segen auf ihrer Arbeit. Sie säen, aber ernten nicht gut, sie essen, aber werden nicht satt, sie bekleiden sich und frieren trotzdem. Warum? Weil sie den Tempel noch nicht wieder aufgebaut haben! Erst wenn der Tempel wieder steht, kommt Segen über Stadt und Land.

Auf der anderen Seite steht eine weitere Fortschreibung des Jesajabuches. Im 66. Kapitel heißt es: „Der Himmel ist mein Thron und die Erde der Schemel meiner Füße. Was ist das für ein Haus, das ihr mir bauen könntet, oder welches ist die Stätte, da ich ruhen sollte? Meine Hand hat alles gemacht, was da ist, spricht der Herr."

Gott ist Schöpfer und Erhalter, er ist auf der Erde gegenwärtig in seinem Angesicht. „Ich sehe auf den Elenden", heißt es. Er braucht keinen Tempel, um bei seinem Volk, seinen Menschen zu sein und zu handeln.

Und auch die Tier-Opfer werden scharf abgelehnt. „Wer einen Stier schlachtet, gleicht einem, der einen Mann erschlägt." Schärfere Opferpolemik gibt es in der ganzen Bibel nicht mehr.

Aber durchgesetzt hat sich Haggai. Der Tempel wurde schon bald wieder aufgebaut[150], und die späten Opfergesetze des AT erzählen von einem regen gottesdienstlichen Leben mit vielen Opfern.

Aber die prophetischen Stimmen blieben, und die trotz des Wiederaufbaus des Tempels unzufriedenen Stimmen, die in später nachexilischer Zeit – etwa ab dem 4. Jahrhundert, mit Aufkommen des Hellenismus – zunahmen, haben zu einer bemerkenswerten Entwicklung geführt: Die Aussagen über den Gottesberg mit dem Tempel und die Stadt Gottes änderten ihre Zeitdimension: Wurde in der früheren Zeit Gottes *Gegenwart,* seine Präsenz, im Präsens gepriesen: „Gott *ist* hier und heute bei uns!", so gingen die Aussagen mehr und mehr in die Zukunft. Jerusalem, die herrliche Stadt, in der Gott bei den Menschen ist, wurde mehr und mehr ein Gegenstand hoffender Erwartung, die die trostlose Gegenwart erträglich machte.

An drei Motiven sei dies verdeutlicht:

a) Über die Entstehung einer *Messiaserwartung* – genauer: der Erwartung eines zukünftigen Königs – im Alten

---

[150] Nach allgemeiner Auffassung im Jahr 515 v. Chr. Allerdings wird dieses in seiner Datierung lange unhinterfragte Ereignis inzwischen von manchen sehr viel später angesetzt: Thomas Römer, Erfindung, 255 Anm. 77 gibt die Auffassung von Diana V. Edelman, Origins, wieder, die den Bau in die Epoche Nehemias (nach 445) datiert.

Testament gibt es insofern einen wissenschaftlichen Dissens, als die Texte, die als Messiaserwartung verstanden werden (z. B. Jesaja 9; 11; Micha 5), unterschiedlich datiert werden. Während einige sie z. B. mit Jesaja selbst in Verbindung bringen, meinen andere, dass sie eher in die Zeit nach dem Exil gehören.

Darum will ich als Beleg einen Text nehmen, der ohne Zweifel aus der Zeit nach dem Exil stammt: Sacharja 4,1-5. In seiner 5. Vision sieht Sacharja zwei Ölbäume. Diese Ölbäume werden in der Deutung der Vision auf die beiden Gesalbten (hebr.: Messiasse) bezogen. Der eine der Gesalbten ist der König, der andere der Hohepriester. Das heißt: Sacharja hofft auf ein Wiedererstehen des Königtums als einer bestimmenden Größe neben dem Gottesdienst im Tempel.

Die Erwartung wird mit dem konkreten Namen Serubbabel verbunden, der familiäre Beziehungen zur Dynastie Davids hatte und somit eine geeignete Projektionsfläche für die Wiederentstehung und das Wiedererstarken des Königtums in Jerusalem war. Nicht nur Sacharja, auch Haggai setzt große Hoffnungen auf ihn. Am Schluss sieht er schon wieder die Throne der Königreiche der Heiden vernichtet – wohingegen Gott Serubbabel erwählt hat und ihn wie einen Siegelring hält.

Gott gibt den Zion und seine Menschen nicht preis, sondern wendet sich ihnen neu zu, um ihnen erneut die Wohltaten zu gewähren, die er ihnen einst gewährt hat.

b) Während hier das Bild des Messias noch stark kriegerisch gezeichnet ist, auf Stärke beruht, setzt sich mit der

Zeit ein anderes Motiv durch, das wir aus den Zionspsalmen (Psalm 46) bereits kennen: das *Aufhören des Krieges*.

Auch hierfür möchte ich zunächst auf einen Text aus Sacharja zurückgreifen:

Sacharja 9,9-10: „Du, Tochter Zion, freue dich sehr, und du, Tochter Jerusalem, jauchze! Siehe, dein König kommt zu dir, ein Gerechter und ein Helfer, arm und reitet auf einem Esel, auf einem Füllen der Eselin. Denn ich will die Wagen vernichten in Ephraim und die Rosse in Jerusalem, und der Kriegsbogen soll zerbrochen werden. Denn er wird Frieden gebieten den Völkern, und seine Herrschaft wird sein von einem Meer bis zum andern und vom Strom bis an die Enden der Erde."

Auch hier ist wieder von einem König die Rede und von einer Herrschaft, die weite Reiche umspannt. Insofern unterscheidet sich die Erwartung nicht von den Machtwünschen, die der Erwartung des Messias in der Regel eigen sind. Und doch ist der Ton hier schon ein anderer. Der König ist zu allererst ein Gerechter – ein Zaddiq, hier klingt das alte *zädäq*, die Gerechtigkeit als Weltordnung, durch (s. oben) – und er ist ein Helfer. Er besticht nicht durch viele Besitztümer, sondern ist arm und damit solidarisch mit der ganz großen Masse derer, die auf ihn hoffen. Wenn es von ihm heißt, dass er Frieden (Schalom) gebieten soll – Heil, Wohlergehen –, dann könnte man darin noch Großreichrhetorik entdecken, die mit Frieden das Niederwerfen der Feinde meint (wie später die pax romana). Dagegen spricht aber der Zusammenhang. Denn hier ist ausdrücklich gesagt, dass die Kriegswagen vernichtet und die Kriegsbogen zerbrochen werden –

nicht zuletzt durch JHWH selbst. Dieser Friede ist anders, er ist ein Friede Gottes, der auf Waffen verzichtet: die Abschaffung der Möglichkeit des Krieges – und damit höher ist als alle Vernunft. Eine Sehnsuchtsvision.

Und darin gleicht der Text der wunderbaren Vision aus dem Micha- und dem Jesajabuch, die für die Friedenssehnsucht einer ganzen Generation in Ost und West gestanden hat: dass Schwerter zu Pflugscharen und Spieße zu Winzermessern umgeschmiedet werden.

c) Aber dieser Text – Micha 4,1-5; vgl. Jesaja 2,2-4[151] – hat noch eine andere wunderbare Pointe:

In dem Text zur „*Völkerwallfahrt*" haben wir exakt die Entwicklung vor Augen, die ich als charakteristisch für die Spätzeit beschrieben hatte.

Die Worte blicken auf die letzten Tage, sie sehen ein starkes Jerusalem, einen strahlkräftigen Gottesberg – und vor allem ein attraktives, ein anziehendes, glänzendes Jerusalem. Aber es ist nicht durch äußere Pracht anziehend, sondern durch – wie Sacharja sagen würde – Geist.

Es geht um Wege und Pfade, die die Heiden lernen wollen; es geht um die Weisung, die Tora. Die Tora ist als orientierende Größe das Maß aller Dinge. Und wer sie ernstnimmt, für den ist Krieg keine Option mehr.

In Micha 4,5: „Ein jedes Volk wandelt im Namen seines Gottes, wir aber wandeln im Namen JHWHs, unseres

---

151 Zum Verhältnis der beiden Texte vgl. Jörg Jeremias, Propheten, 170f.

Gottes, immer und ewiglich" wird deutlich: Man muss nicht Jude werden, um diesen Weg zu gehen, man kann im Namen seines Gottes wandeln, und trotzdem aus dem Judentum lernen, wie wirklicher Friede geht. Denn dieser ganz besondere, dieser ganz umfassende Friede hat seine Quelle und seinen Ort in Jerusalem, beim einzigartigen Gott Israels, Jerusalems und Judas.

Zusammengefasst: Die Zionstheologie vereinigt gewichtige theologische Motive, die als verbindendes Moment eine immense Lebensdienlichkeit haben. Gott ist für seine Menschen da. Er ist im Tempel anwesend und ansprechbar. Er ist der Schöpfer und Erhalter, er wehrt Gefahren ab, er setzt Menschen ein, die gegen Gegner kämpfen, und stattet sie mit Fähigkeiten aus, die sie für das Volk einsetzen. Gott hat dieser Welt eine Ordnung gegeben, sie ist im Gleichgewicht, für das Gott fortgesetzt erhaltend sorgt und das zu wahren er seine Menschen anhält. Zur Ordnung gehört auch, dass diese Welt, Gottes Schöpfung, lebensdienlich gestaltet ist. Sie ist nicht nur schön, sondern auch zweckmäßig, hält Nahrung bereit für Mensch und Tier (vgl. Psalm 104). Und zu diesem Gleichgewicht zählt ebenso soziale Gerechtigkeit, zu deren Wahrung Gott den König in Jerusalem eingesetzt hat und immer neu einsetzt. Alle Menschen können und sollen vor Gott leben. Gott ist ein gnädiger und barmherziger Gott. Man kann ihm vertrauen.

Diese Theologie verändert sich in der Zeit des Exils. Sie hat Raum für Erfahrungen von Leid, aber sie wird nicht aufgegeben. Sie trägt – verändert – weiter. Und sie ist nach dem Exil offen für eine Neuformulierung in ihrer zeitlichen Dimension: Aus den Erfahrungen der Gegenwart Gottes wird eine Hoffnung auf die Zukunft Gottes, die durch die gegenwärtigen Anfechtungen hindurch trägt. Das heißt, die Zionstheologie leugnet nicht die Anfechtungen, sondern sie bearbeitet sie produktiv.

Die Zionstheologie – so sagte ich – ist ein Grundstock der Psalmentheologie im Ganzen.[152] Viele der beliebten Psalmen, die nicht direkt in den Umkreis der Zionstheologie gehören, lassen sich in die so beschriebene theologische Grundstruktur einzeichnen. So z. B. der Psalm 23, der von der Begleitung, Bewahrung und Behütung der Menschen durch Gott spricht, aber auch von dem finsteren Tal weiß, durch das Menschen gehen müssen; so z. B. auch der Psalm 121, der von Gott seine Hilfe erwartet und ihn als Begleiter im Leben preist: „Siehe, der Hüter Israels schläft und schlummert nicht." So auch Psalm 130, der aus tiefer Not zu Gott ruft, weil er in seinem Leben Gott als gnädigen Gott erfahren hat. Und so auch Psalm 103 – ein großes Lob- und Dankgebet angesichts heilvoller Erfahrungen im Leben mit diesem wunderbaren Gott. Und nicht zuletzt Psalm 91 – ein Psalm, der nach V.1 am Jerusalemer Tempel zu verorten sein könnte – mit seinen berühmten Versen von den Engeln, die Gott uns auf allen unseren Wegen an die Seite stellen will, die uns behüten und durchs Leben tragen.

Und so ist hoffentlich deutlich geworden, dass diese Theologie Jerusalemer Prägung, diese Theologie der Psalmen eng verwandt ist mit dem, was uns in der Wahrnehmung

---

[152] Dies ist das Ergebnis der Studie von Hermann Spieckermann, Heilsgegenwart.

von authentischen Glaubenszeugnissen begegnet ist: was Gemeindeglieder als ihren Glauben formulieren und was Taufeltern, Konfirmand:innen und Brautpaare sich als Bibelverse nicht nur für ihre Ritual-Gottesdienste, sondern als Gottes Begleitung für ihr weiteres Leben erhoffen.

Was bedeutet diese Erkenntnis für die konkrete kirchliche Arbeit?

IV Folgerungen für die kirchliche Praxis

Gesehen in Hannover. Das Signal, dass etwas geschehen muss, haben wir als Kirche längst erhalten: Die Zahlen und auch die Gründe für leerer werdende Kirchen sprechen eine deutliche Sprache. Vielleicht ist das „Bitte berühren" eine Aufforderung an uns. Ich denke das. Denn das ist das Ergebnis meines Nachdenkens anhand der authentischen religiösen Aussagen der Menschen: Sie wollen berührt werden!

IV.1. Grundsätzliche Überlegungen

Bevor wir konkret nach den Folgen für die Praxis fragen, ist jedoch ein sachkritischer Zwischenschritt nötig. Wir müssen nämlich fragen: Wie ist die Jerusalemer Theologie bzw. die Psalmentheologie aus der Perspektive des christlichen Glaubens und der kirchlichen Lehre zu beurteilen? Dürfen wir den sich so ausdrückenden Glauben der Menschen wertschätzen und stehenlassen, oder ist er ergänzungs- oder korrekturbedürftig? Ist es ein „Wellness-Glaube"? Oder ist er als tragfähige Glaubensvorstellung auch aus dezidiert christlicher Perspektive ernstzunehmen?

Sammeln wir zunächst wieder religionsgeschichtliche Erkenntnisse. Im Laufe der Religionsgeschichte des antiken Israel ist die Zionstheologie nicht unkritisch rezipiert worden. Insbesondere von den Propheten ist die eben geschilderte Zionstheologie kritisiert worden:

Micha zitiert Bürger:innen Jerusalems, die sagen: „Ist nicht JHWH in unserer Mitte? Uns kann kein Unheil treffen!" (3,11), um dann als erster unter den Propheten das Ende Zions/Jerusalems anzukündigen: „Um euretwegen wird der Zion zum Feld umgepflügt, wird Jerusalem zur Trümmerstätte und der Tempelberg zu Kulthöhen im Wald"[153]. Und Jeremia nimmt gar ein zentrales Stichwort der Zionstheologie kritisch auf: „Vom Propheten bis zum Priester üben sie alle Trug. Den Bruch meines Volkes heilen sie leichthin, indem sie sagen: ‚Heil, Heil' [Schalom. Schalom] und ist doch kein Heil. Sie ziehen

---

[153] Übersetzung nach Jörg Jeremias, Propheten, 157.

Schande auf sich, weil sie Gräuel verübt haben." (Jeremia 6,13b-15a; vgl. 8,10-11)[154] Die innenpolitische Zerrissenheit des Volkes wird von den religiösen Amtsträgern mit den aus der Jerusalemer Tradition bekannten Begriffen zu kitten versucht – aber ohne Erfolg. Angesichts der inneren und äußeren Bedrohung greift die vertraute religiöse Rede nicht mehr. Sie ist Trug: Es ist kein Schalom. „Die Annahme uneingeschränkter Fortgeltung dieser Glaubens-Tradition ist Jeremia verlorengegangen."[155]

Der Jerusalemer Jesaja greift ein anderes Stichwort der Zionstheologie auf. „Wie ist zur Dirne geworden die treue Stadt, erfüllt mit Recht. Gerechtigkeit wohnte in ihr." (Jesaja 1,23) Dass *zädäq* in Jerusalem wohnt, gehört nach Jesaja also der Vergangenheit an. V.23 konkretisiert das: „Deine Oberen sind Abtrünnige, Genossen von Dieben, jeder von ihnen liebt Bestechung und jagt Schmiergeldern nach. Der Waise sprechen sie nicht Recht, der Rechtsstreit der Witwe kommt nicht vor sie."[156]

Aber richtet sich die Kritik wirklich gegen die Zionstheologie? Oder wendet sie sich dagegen, wie Priester und Propheten diese Theologie unzulässig überzeichnen (Micha 3,11), bzw. dagegen, dass die Oberen ihrer Verantwortung *vor Gott* nicht (etwa im Sinne des Psalms 72) gerecht werden, sondern die Ordnung Gottes mutwillig beschädigen bzw. nichts dagegen unternehmen, dass sie beschädigt wird?

---

[154] Übersetzung in Anlehnung an Werner H. Schmidt, Jeremia, 159.
[155] Werner H. Schmidt, Jeremia, 164.
[156] Übersetzung nach Walter Dietrich, Jesaja.

Hermann Spieckermann, dem wir eine eingehende Rekonstruktion der Psalmentheologie Jerusalemer Prägung verdanken, stellt heraus, dass die Psalmentheologie sich auch in manchen ihrer Züge mit der weite Teile des Alten Testaments prägenden deuteronomistischen Theologie reibt. „Sie werden in dem königlichen Jahwe der tempelorientierten Zionstheologie eine kanaanäisch tingierte Überfremdung des Exodus- und Wüstengottes erkannt und ihr ‚Jahwe allein' nicht nur dem halbherzigen Volk, sondern auch den in ihren Augen allzu weitherzigen Jerusalemer Tempeltheologen entgegengehalten haben."[157]

Auf drei Gesichtspunkte, die uns bei der Darstellung der Theologie bereits begegnet sind, ist damit hingewiesen:

- die relativ ungebrochene Fortschreibung von theologischen Vorstellungen, die aus der Umwelt Israels übernommen wurden (wie z. B. die Solarisierung Gottes und das Weltordnungsdenken) und (scheinbar?) das Erste Gebot in Frage stellen;
- die mit dem Tempel verbundenen theologischen Themen wir Präsenz, Herrlichkeit, Ewigkeit usw. stehen quer zu den deuteronomistischen Fokussierungen auf Geschichte, Bund und Gebot;
- der weitestgehende Verzicht auf eine explizite Rede von der Sünde in den Psalmen war bereits oben genannt worden.

---

[157] Hermann Spieckermann, Heilsgegenwart, 284.

Die Frage, ob die das Alte Testament in seiner heutigen Gestalt dominierende Geschichts- und Bundestheologie oder die Theologie der Psalmen das eigentliche Gesicht der Religion des antiken Israel/Juda war, ist kaum zu beantworten. Abgesehen davon, dass die heute vorliegende Hebräische Bibel insbesondere durch die deuteronomistische Schule geprägt ist, also als einzige Quelle zur Beantwortung der Frage schwerlich taugt, ist vermutlich schon das Aufmachen einer solchen Alternative irreführend, da wohl keiner der beiden Entwürfe für sich reklamieren kann, *die* bestimmende religiöse Richtung im antiken Israel gewesen zu sein. Denn man darf nicht unterschätzen, wie uneinheitlich das religiöse Gesicht des antiken Israels und Judas/Jerusalems in der von der hebräisch-aramäischen Bibel beschriebenen bzw. umspannten Zeit gewesen ist. Nicht nur der von Rainer Albertz benannte Unterschied zwischen persönlicher Frömmigkeit und offizieller Religion ist zu beachten, sondern auch die Unterschiede zwischen Stadt und Land sowie v. a. Nord- und Südreich. So ist die Psalmentheologie in hohem Maße städtisch und judäisch – also im Südreich – geprägt, während die deuteronomistische Bewegung ihre Wurzeln im Norden hat und erst später, nach der Flucht aus dem Norden, die Stadt Jerusalem und ihren Tempel für sich entdeckte.[158] Zusammengehalten werden die divergierenden Entwürfe vom JHWH-Namen. Aber wie dieser JHWH-Name im antiken Israel gefüllt worden ist, ist von

---

[158] Vgl. zu den vielfältigen religiösen Strömungen in vorexilischer Zeit einerseits Rainer Albertz, Religionsgeschichte, 159ff (eher theologisch orientiert); andererseits (stärker historisch und archäologisch ausgerichtet) Angelika Berlejung, Geschichte, bes. 117-144.

Ort zu Ort und von Zeit zu Zeit sehr unterschiedlich. In dieser religiösen Pluralität ist sich das Alte Testament mit dem Neuen sowie der Theologie- und Dogmengeschichte in den christlichen Kirchen durch Raum und Zeit ganz einig.

Damit ist schon einmal die grundsätzliche Frage gestellt, wie man in Religion und Theologie mit dem Pluralismus umgeht.[159] Wie pluralismusfähig darf kirchliche – und damit zumeist bekenntnisgebundene – Theologie sein? Oder anders gefragt: Wie weit darf das Herz der Kirche sein?

Es ergeben sich aber aus dem Dargestellten noch weitergehende Fragen:

Wie verhält sich ein solcher Glaube, der große Ähnlichkeit mit der Psalmenfrömmigkeit hat, zum explizit christlichen Glauben? Müssen wir als Vertreter:innen der Kirche solchen Glauben „korrigieren", also den Menschen, die so glauben und hoffen, wie sie es eben tun, Glaubensinhalte, die noch fehlen, ergänzend anbieten? Denn zumindest eines ist ja offensichtlich: Dem psalmentheologisch geprägten Glauben wie auch den authentischen Glaubensaussagen, die oben untersucht und zitiert wurden, fehlt insbesondere eine ausgeprägte christologische und soteriologische (Heils-) Dimension, also der 2.

---

[159] „Wie geht man mit der Pluralität um, wenn man sich dazu bekennt, dass es nur einen einzigen Gott gibt? Der biblische Monotheismus ist keine geschlossene Doktrin, er ist pluralistisch und lädt zum Nachdenken über die schwierige Beziehung zwischen Einheit und Vielheit ein.", Thomas Römer, Erfindung 254.

Artikel des Glaubensbekenntnisses; er ist ja eher schöpfungstheologisch, also vom 1. Artikel, geprägt.

Spannend ist hier ein Blick auf Martin Luther.

Martin Luther hegte eine besondere Hochachtung für die Psalmen. Seine Vorrede zum Psalter von 1528 ist ein einziges Loblied auf dieses biblische Buch. „… wer die ganze Biblia nicht lesen könnte, hätte hierin doch fast die ganze Summe, verfasst in ein klein Büchlein", schreibt er.[160] Der Psalter überliefert die Worte der Heiligen. Das ist Luther lieb und teuer: „… gleichwie ich viel lieber wollte einen Heiligen reden hören als seine Werke sehen, also wollte ich noch viel lieber sein Herz und den Schatz seiner Seele sehen, als sein Wort hören."[161] Die Psalmen reden also aus dem Herzen und der Seele: Das ist der Grund, warum sie uns heute noch ansprechen. „Denn ein menschlich Herz ist wie ein Schiff auf einem wilden Meer, welches die Sturmwinde von den vier Orten der Welt treiben. Hier stößt her Furcht und Sorge vor zukünftigem Unfall; dort fähret Grämen und Traurigkeit vor gegenwärtigem Übel. Hier weht Hoffnung und Vermessenheit von zukünftigem Glück; dort bläset her Sicherheit und Freude in gegenwärtigen Gütern. Solche Sturmwinde aber lehren mit Ernst reden und das Herz öffnen und den Grund herausschütten."[162] „Daher kommt's auch, daß der Psalter aller Heiligen Büchlein ist, und ein jeglicher, in welcherlei Sache er ist, Psalmen und

---

[160] Heinrich Bornkamm (Hg.), Vorreden, 65.
[161] Ebd. 66.
[162] Ebd. 67.

Worte darinnen findet, die sich auf seine Sache rei-
men."[163]

Und Luther schlussfolgert: „Summa, willst du die heilige
christliche Kirche gemalet sehen mit lebendiger Farbe
und Gestalt, in einem kleinen Bilde gefasset, so nimm den
Psalter vor dich, so hast du einen feinen, hellen, reinen
Spiegel, der dir zeigen wird, was die Christenheit sei. Ja,
du wirst auch dich selbst drinnen und das rechte Gnothi
seauton [erkenne dich selbst] finden, dazu Gott selbst
und alle Kreaturen."[164]

Der Psalter, ein Buch wie die Kirche selbst, ein Buch der
Kirche, in der jeder für sich persönlich etwas findet, das
ihm im Leben – mit Gott – hilft. In den Psalmen kann
man erkennen, was die Christenheit ist; die Psalmen als
Buch der Selbsterkenntnis. Und: In den Psalmen finden
wir Gott.

Braucht es noch mehr?

Nun kann Luther so schreiben, weil er die Psalmen nicht
nur aus seiner eigenen, persönlichen Perspektive des an
Jesus Christus Glaubenden liest, sondern dezidiert christologisch: Sie handeln von Christi Sterben und Auferstehung.[165] Aber selbst wenn man dies in Rechnung stellt,
erscheint der Schatz der Psalmen aus Luthers Worten
noch einmal in aller Klarheit. Die Psalmen sind „eine

---

163 Ebd. 68.
164 Ebd. 69.
165 Ebd. 65.

kleine Biblia", anders gesagt: Sie enthalten das Herz, den Kern, das Mark der *ganzen* Bibel.

Die christologische Deutung mag bei Luther implizit vorausgesetzt sein, sie spielt aber für das Erheben der konkreten religiösen und existenziellen Dimension der Psalmen in der Vorrede keine ausdrückliche Rolle. Dass sie *von Herzen* kommen und *zu Herzen* gehen, dass sie ein Abbild des Lebens sind und darum den Menschen helfen, ihnen Halt geben und zur Selbsterkenntnis anregen, liegt an ihrem Wortlaut, nicht daran, dass hier vermeintlich von Christus die Rede ist bzw. dass die Psalmen vox Christi ad Patrem (Stimme Christi zum Vater hin) sind.[166] Die Psalmen zeigen *aus sich heraus*, was die Christenheit sei, und nicht, weil sie christologisch zu deuten wären.

Die existenzielle Tiefe der Analyse Luthers macht auch noch einmal das Zitat vom Herzen als einem Schiff in den Stürmen der See deutlich. Denn das Herz ist in der Sprache Luthers nicht wie in unserem gegenwärtigen Sprachgebrauch für das Gefühl zuständig, sondern das Herz bezeichnet – darin ganz biblisch-alttestamentlich – das Personzentrum: „Luther … teilte – wie auch Augustin – die Anthropologie der Bibel, nach welcher das Herz das geistige Erkenntnisorgan des Menschen ist, das innerste, äußerem Zugriff entzogene und nur Gott einsichtige Zentrum seiner Persönlichkeit."[167] In den Psalmen geht es um den ganzen Menschen in allen seinen

---

[166] Johannes Schnocks, Psalmen, 86.
[167] Birgit Stolt, Rhetorik, 50.

Dimensionen, denn sie sprechen aus dem Personzentrum der Betenden heraus.[168]

Und darum trifft auch die Kritik an der so beschriebenen Frömmigkeit als Wellness-Theologie, wie sie z. B. vom Theologen Jörg Lauster zu hören ist, nicht. Im Gegenteil. Die Psalmen wissen wie kaum ein anderes Buch von der Gefährdung des Lebens, von den Bedrohungen, von den „finsteren Tälern". Wenn Lauster von der Kirche sagt: „Wir sind nicht zuständig für Wellness, sondern für die großen Fragen des Daseins."[169], dann ist das eine unzulässige Entgegenstellung. Religion ist insofern auch für Wellness zuständig, als sie dazu beitragen kann, dass es mir gut(well)geht. Religion so zu praktizieren, dass es den Menschen schlechtgeht, ist sicher keine gute Idee, obwohl das Verbreiten eines schlechten Gewissens nach wie vor in dem einen oder anderen kirchlichen Rezeptbuch steht. Aber es geht mir als religiösem Menschen doch darum gut, weil ich auch im finsteren Tal gewiss sein darf: „Du bist bei mir!", weil ich mich also mit meinen großen Fragen des Daseins bei Gott aufgehoben weiß.

Und auch die Kritik Benjamin Hasselhorns an der Unernsthaftigkeit in der evangelischen Kirche und einem vermeintlichen „Aufweichen von Luthers Lehre in

---

[168] Nach der jüngsten Darstellung der Anthropologie der Hebräischen Bibel ist das Herz „Mitte der Person", so Bernd Janowski, Anthropologie, 148.
[169] https://www.deutschlandfunk.de/liberale-theologie-und-kirche-nicht-fuer-wellness-zustaendig.886.de.html?dram:article_id=430920 (Aufruf: 16.08.2021).

unernste Wohlfühltheologie"[170] trifft diese unter den Gläubigen verbreitete Glaubensweise nicht. Noch einmal: Im Gegenteil! Denen, die ihre Kraft, ihre Orientierung, ihren Halt, ihren Schutz, ihre Begleitung durchs Leben bei Gott suchen und für ihren Glauben und ihre Hoffnungen und Sehnsüchte in den Worten der Psalmen die adäquate Ausdrucksform finden, ist es sehr ernst. Es ist seelsorglich unsachgemäß, ihnen Lehrgut und eine Rückbesinnung auf Tradition anzubieten. Es geht vielmehr darum, den Kern des biblischen Glaubens im Gespräch mit den Menschen immer neu so zur Sprache zu bringen, dass er ansprechend wirkt. Darum kann ich auch nicht finden, dass eine Feier des Gemeinde-Gottesdienstes als „Kindergottesdienst für Erwachsene"[171] so schlimm ist. Wieder: im Gegenteil. Denn der zeitgenössische Kindergottesdienst ist zum einen dialogisch, als Gespräch mit den Kindern, und zum anderen ganzheitlich angelegt. Was kann es Besseres geben?

Und schließlich sei noch kurz Friedrich Wilhelm Graf erwähnt, der allen Ernstes meint, die Kirche verspiele „unser" Vertrauen, weil sie (u. a.) „Gott nun primär als allumfassende Liebe bezeugt. … Der zeitgeistaffine Gegenwartsgott ist immer nur reine Liebe, Güte, Gnade und Herzenswärme, ein trostreicher Heizkissengott für jede kalte Lebenslage von Mann wie Frau, Jungen und Alten. … Emotionen, subjektive Befindlichkeiten, das Sich-

---

[170]   https://www.tagesspiegel.de/gesellschaft/glauben-heute-das-ernsthaftigkeitsdefizit/24240114.html (Aufruf 17.08.2021).
[171] Benjamin Hasselhorn, ebd. (vorige Anm.).

Wohlfühlen rücken in ihr Zentrum."[172] Wer sich jetzt rat-
los bis verzweifelt fragt, was denn daran falsch sein soll,
Gott als Liebe zu predigen, zumal es ja eine biblische
Aussage ist, dass Gott die Liebe ist (1. Johannes 4,16),
bekommt als Antwort: „Gott entbehrt hier des Stachels
der Negativität, kann also keine Irritationskraft mehr entfalten. … Von der Ferne und erhabenen Transzendenz
des ‚mächtigen Königs der Ehren' hört man nichts."[173]

Graf schiebt diese furchtbare Entwicklung auf eine an-
gebliche „Krise der akademischen Theologie … Die Lage
der akademischen Theologie in Deutschlands Universitä-
ten ist prekär geworden. … Den Kirchen bleiben die weniger Denkfleißigen und leider auch nicht wenige ganz
Glaubensenge … Die Theologien leiden unter einem ver-
rückten Übergewicht der exegetischen Disziplinen, die
sich, angesichts der knappen Bestände an Heiligen Texten, in ein für Außenstehende nur noch absurdes philo-
logisches Spezialistentum verrannt haben."[174] Eine Be-
hauptung, die auch 2011 schon falsch war. Bei allem Wissen um die Notwendigkeit eines eingehenden akademischen Studiums, bei aller Sympathie für intellektuell ver-
antwortete systematische Theologie und bei allem eigenen Bemühen, Biblische Theologie so zu treiben, dass
durch die wissenschaftliche Arbeit die theologische (um
nicht zu sagen: geistliche) Essenz sichtbar wird, haben
theologische Fachbücher wohl kaum Einfluss auf die

---

[172] Friedrich Wilhelm Graf, Kirchendämmerung, 38. Wer *die Kirchen*
sind und wer sich hinter dem unzulässig vereinnahmenden „unser"
steckt, verrät Graf nicht.
[173] Ebd.
[174] Ebd. 39-42.

Entwicklung der Kirchen, geschweige denn auf die Herzen und Seelen der Menschen, um die es den Kirchen doch wohl gehen sollte. Dafür werden sie (die Fachbücher) zu wenig gelesen. Verkündigung muss theologisch verantwortbar getrieben werden und theologisch verantwortet werden. Dafür brauchen wir gut ausgebildete Theolog:innen. Aber Theologie und Verkündigung im weiten Sinne müssen letztlich auf die Herzen (im Luther'schen Sinne) zielen. Wie das geht, muss man früh lernen. Grafs Weg – insbesondere wie von ihm voller Arroganz vorgetragen – geht ohne Zweifel in die Irre.

Es ist also aus meiner Sicht klar: Ich halte den im ersten Hauptteil dieses Textes rekonstruierten und in der Praxis, im Gespräch mit den Menschen erfahrbaren Glauben, der so sehr an den Psalmenglauben erinnert, nicht für defizitär oder korrekturbedürftig. Sondern ich bin dankbar und erfreut, dass Menschen die Fähigkeit haben, ihre religiösen Erwartungen, Hoffnungen, Sehnsüchte und Erfahrungen kompetent und in Anlehnung an eine gewichtige biblische Tradition zu formulieren und auszusprechen. Denn das tun sie, und wir können das wahrnehmen, wenn wir uns hinreichend Mühe geben, ihre Sprache zu verstehen und darin die biblischen Vorbilder wiederzufinden.

Verkündigung in aller ihrer Weite[175] sollte dies berücksichtigen. Für mich bedeutet das, dass die Kirche nicht nur ihre Struktur immer neu daraufhin hinterfragen muss, ob sie noch insofern zeitgemäß ist, als sie die Menschen

---

[175] Also nicht nur Predigt, sondern auch alle anderen kirchlichen Handlungsfelder.

dort erreicht, wo sie mit ihrem Herzen sind. Kirche hat auch ihre Verkündigung daraufhin zu befragen, ob sie aus einem echten Zuhören entspringt und wahrnimmt, was die Ängste und Sehnsüchte, die Frustrationen und Hoffnungen der Menschen heute sind. Kurz: wozu sie Religion brauchen und was sie von ihrer Religion und ihrer Kirche erwarten.

Natürlich fordert eine solche provokante These die Frage heraus, ob es die Aufgabe der Kirche ist, ihren Mitgliedern – zum Beispiel aus Angst, noch mehr zu verlieren – nach dem Mund zu reden. Ist die Kirche nicht auch eine Institution, die den Menschen gegenübersteht, die ihnen unangenehme Wahrheiten sagt, sie z. B. als Sünder anspricht und zur Buße aufruft, wie Jesus das getan hat? Wir sind mit diesen Überlegungen auf dem Feld der Anthropologie – der Lehre von bzw. dem Blick auf den Menschen. Während die Psalmentheologie den Menschen „wenig geringer als Gott" einstuft (Psalm 8,6), sodass Hermann Spieckermann vom „königlichen Menschen" spricht[176], ist der Mensch nach lutherischer Lehre zuallererst Sünder.[177] Auch die neuere Paulusforschung bleibt dabei, dass nach Paulus die Sünde eine „in jedem Menschen wohnende und ihn beherrschende" Macht oder Kraft ist.[178] Der Mensch ist Sünder.

Aber das weiß das Alte Testament (Genesis 2-3), das wissen auch die Psalmen (Psalm 51,9-14; 130,3). Die Frage ist nur, wo unsere Verkündigung ansetzt und wo unsere

---

176 Hermann Spieckermann, Heilsgegenwart, 227ff.
177 Vgl. z. B. Bernhard Lohse, Theologie, 264ff.
178 Michael Wolter, Paulus, 377.

Verkündigung den Schwerpunkt setzt. Wie sieht also die Botschaft aus, die unsere Kirche braucht?[179]

IV.2. Konkretionen
a) Am Anfang …

Meiner Einschätzung nach ist es sinnvoll, eher beim ersten als beim zweiten Artikel des Glaubensbekenntnisses anzusetzen: bei der Wahrnehmung der Welt als Schöpfung. Zwei Gedanken sind es, die hier besonders wichtig sind.

Zum einen ist die Wahrnehmung der Welt als Schöpfung eine Schule der *Dankbarkeit.* Wer die Welt als Schöpfung Gottes versteht, wird angeleitet, Gott zu danken für das, was uns geschenkt wird. Denn nicht wir sind es, die diese Welt konstruieren und konstituieren, sondern es ist Gott. Gott ist Schöpfer, wir und die Welt um uns herum sind Geschöpfe. Das heißt auch: Wir sind Empfangende, Beschenkte. Wir empfangen die Welt aus Gottes Hand; wir werden von Gott mit den Schöpfungsgaben beschenkt: „Leib und Seele, Augen, Ohren und alle Glieder, Vernunft und alle Sinne …; dazu Kleider und Schuh, Essen und Trinken, Haus und Hof, Weib und Kind, Acker, Vieh und alle Güter; mit allem, was not tut für Leib und Leben"[180]. Für die Tätigen unter uns mag das eine frustrierende Botschaft sein, für viele aber auch eine Entlastung. Wir müssen nicht alles leisten, nicht alles erreichen,

---

[179] Vgl. zum Folgenden auch Klaus Grünwaldt, Wo Gott mir nahekommt, 33-37.
[180] Luthers Erklärung zum ersten Artikel im Kleinen Katechismus.

sondern dürfen Gott machen lassen. Und da die Krone der Schöpfung der Sabbat ist, bedeutet der Ansatz bei der Schöpfungstheologie auch: Wir dürfen ausruhen.

Empfangen, sich als mit allem Lebenswichtigen Beschenkte verstehen, ausruhen dürfen – das sind mehr als genug Gründe zu danken. Das Bereichernde an der Dankbarkeit ist dies, dass sie den Blick nicht auf das lenkt, was fehlt (was die böse Welt und die bösen Menschen mir vorenthalten), sondern auf das, was da ist. Was ich bin, was ich habe, was ich (noch) kann.

In den authentischen Glaubenszeugnissen, die wir untersucht haben, ist viel von solcher Dankbarkeit zu spüren. Die Verkündigung der Kirche wird diese Dankbarkeit als Haltung stark machen.

Schöpfung wird zum anderen in der ersten Schöpfungserzählung als Ordnung der Welt beschrieben. Die Welt entsteht so, dass Gott den Dingen und den Lebewesen ihren Platz zuweist, und zwar so, dass alle gut leben können (Genesis 1,1-2,3; Psalm 104). So vermittelt die Bibel uns Menschen, dass die Welt eine Ordnung hat bzw. dass die Welt in Ordnung ist. Zu wissen bzw. glauben zu dürfen, dass diese Welt eine Ordnung hat, vermittelt Geborgenheit und Seinsgewissheit.[181] Untergründig vermittelt eine solche Seinsgewissheit auch Sinn, weil sie davon ausgeht, dass diese Welt und das Leben in ihr Sinn hat. Sinn zu spüren im eigenen Leben und den Dingen ist aber ein

---

[181] Damit ist gemeint „das Vertrauen, das die meisten Menschen in die Kontinuität ihrer Identität und die Konstanz der sie umgebenden sozialen und materiellen Handlungsumwelt haben." Ontologische Sicherheit – Wikipedia (Aufruf 30.11.2021).

wesentlicher Faktor für das Empfinden wirklichen Glücks. Mit den Worten von Wilhelm Schmid: „Was häufig gemeint ist, wenn nach ‚Glück‘ gefragt wird, ist eigentlich ‚Sinn‘."[182] Dabei unterscheidet Schmid das haltbare Glück, also den Sinn, vom flüchtigen und zugleich Druck ausübenden Wohlfühlglück.[183] Sinn kann ganzheitlich verspürt werden, mit Körper und Seele; Sinn weist über die je eigene Existenz hinaus und vermittelt mir einen stimmigen Ort im mich umgebenden Beziehungsgefüge. Gleichzeitig macht solches Sinn-Erleben sensibel für Störungen der Weltordnung: die Erfahrung von Ungerechtigkeit. Denn nicht umsonst sind Gerechtigkeit und Weltordnung im antiken Israel enge Verwandte – diese Verwandtschaft empfinden Menschen intuitiv bis heute.

Kirchliche Verkündigung ist sinnstiftend, sie vermittelt mit ihrer Lebensdeutungskompetenz Sinnerfahrungen, zeigt den Sinn in der Welt und im Leben auf – und ist in ihrer prophetischen Sendung Sprachrohr für Gottes rettende Gerechtigkeit.

b) Der Herr ist mein Hirte

Der 23. Psalm ist wie kein anderer Text der Bibel ein Sehnsuchtstext.

Er hält die Sehnsucht fest, im Leben begleitet und behütet zu werden. „… mich reichlich und täglich versorgt, in allen Gefahren beschirmt und vor allem Übel behütet

---

[182] Wilhelm Schmid, Glück, 45.
[183] Ebd. 16-27.

und bewahrt" – das sagt (noch einmal) Martin Luther von Gott, dem Schöpfer, in seiner Auslegung des ersten Artikels des Glaubensbekenntnisses im Kleinen Katechismus. Die zunehmende Sehnsucht nach solcher Behütung, Bewahrung und Begleitung rührt wohl daher, dass die uns umgebende Welt als zunehmend komplex erfahren und erlebt wird. Für die Beschaffenheit unserer Welt bzw. für die Art und Weise, wie die Beschaffenheit unserer Welt erlebt wird, ist ein Kunstwort gebildet worden: das Wort VUCA. Wir leben in einer Vuca-Welt. Das Kunstwort fasst 4 Kennzeichen unserer Gesellschaft in der Gegenwart – in englischer Sprache: volatility; uncertainty; complexity; ambiguity – zusammen:

V steht für Volatilität, das heißt übersetzt: Schwankung, Unbeständigkeit. Der Begriff meint, dass sich die gegenwärtige Welt immer schneller und weniger vorhersehbar entwickelt.

U steht für Unsicherheit. Hier geht es darum, dass man kaum mehr planen kann, weil die Welt unberechenbar ist.

Das C steht für Komplexität. Man muss sich ständig entscheiden. Es ist aber immer schwerer, sich für das eine oder andere zu entscheiden, weil so viele unterschiedliche Faktoren bedacht werden müssen.

A wie Ambiguität meint: Doppel- oder Mehrdeutigkeit. Es wird immer schwerer, Sachverhalte oder Phänomene zu definieren, festzulegen oder zu deuten. Was früher gegolten hat, gilt nicht mehr. Alte Verstehens- oder Lösungsmuster werden mehr und mehr unbrauchbar.

So spannend diese Welt einerseits ist; so aufregend es sein mag, an den immer schnelleren Veränderungen teilzuhaben und sie mitzugestalten bzw. sie mitzuvollziehen, so anstrengend ist das auch. Was gibt mir Halt? Was gibt mir Orientierung? Was gilt (noch)?

Hinzu kommt ein Zweites: Unsere Gesellschaft erwartet, dass wir aktiv sind und diese Welt gestalten. Sie ist eine Leistungsgesellschaft, die die Menschen nach ihrer Leistung bewertet. Die Kehrseite dessen ist eine weit verbreitete Angst, nicht mithalten zu können und abzusteigen.[184] Insbesondere die „Mittelschicht" ist von der Angst geleitet abzusteigen – nicht ohne Grund.[185] Der 23. Psalm weist dagegen den Menschen eine andere Rolle zu: die Rolle derer, die sich leiten lassen dürfen. Wir müssen nichts tun, sondern können auf unseren Hirten vertrauen. Er sorgt für uns, indem er uns auf eine Weide führt und an eine Quelle. „Alle eure Sorgen werft auf ihn, denn er sorgt für euch", verheißt dementsprechend auch 1. Petrus 5,7 – Wochenspruch am 15. Sonntag nach Trinitatis.

Und das gilt auch – als dritter wichtiger Aspekt zu Psalm 23 – in Zeiten des Leids. Die, die vertrauen können, können es deswegen, weil sie erfahren haben, dass der Hirte auch im finsteren Tal bei ihnen ist. Als junger Seelsorger

---

[184] Vgl. Heinz Bude, Gesellschaft. Interessanterweise spricht Bude im Kontext der Angst von der „Sehnsucht nach einer unkündbaren Beziehung", ebd. 28-38.
[185] Der Grund für die Angst liegt im Orientierungsverlust. Die Einzelnen fühlen sich trotz guter Polster und gediegener Zertifikate heute deshalb schutzloser und verwundbarer, weil der Organische Zusammenhang von Autonomiestreben und Gemeinschaftsbindung zerbrochen zu sein scheint.", ebd. 73.

hat es mich immer wieder erstaunt zu hören, wie ältere Menschen schwere Erfahrungen im Rückblick dennoch in einem hellen Licht sehen konnten, weil sie durch diese Zeiten hindurch bewahrt worden sind. In den Glaubenssplittern und anderen authentischen Glaubenszeugnissen finden wir solche Erzählungen wieder. Nicht Wut auf Gott, dass er sie Leid hat erfahren lassen, sondern Dankbarkeit für die erfahrene Begleitung durch das Leid hindurch ist es, was bleibt. Heute, als älterer Theologe mit eigenen Leiderfahrungen, kann ich das besser nachvollziehen.

Wie kann die Kirche solche Erfahrung, wie sie im 23. oder auch 91. Psalm ausgesprochen wird, vermitteln? Verkündigung kann dann Vertrauen wecken und stärken, wenn es ihr gelingt, ehrlich und glaubwürdig von Gottes schützendem und behütendem Handeln in der Welt und bei ihren Menschen zu sprechen. Verkündigung verschweigt nicht und malt nicht rosarot. Aber sie vermittelt in ihrer Verkündigung Erfahrungen des Behütet- und Begleitetseins.

c) Der Herr ist mein Licht und mein Heil: Vor wem sollte ich mich fürchten? (Psalm 27,1)

In den authentischen Glaubenszeugnissen, die wir gesammelt haben, ist auch die Metaphorik von Licht in Bezug auf Gott zu finden. „Für mich ist Gott Hoffnung und Geborgenheit, Licht und Wärme.", schreibt z. B. Stefanie

N., 42, aus Benthe in den Glaubenssplittern.[186] Und Sabine Muthmann, 51, erinnert an das Trostwort: „Wenn du denkst, es geht nicht mehr, kommt von Irgendwo ein Lichtlein her."[187]

Gott und das Licht – seit jeher bilden die beiden eine enge Verbindung – nicht nur in der altorientalischen Antike und im biblischen Israel, sondern z. B. auch im Süd- und Mittelamerika in der Mitte des vergangenen Jahrtausends.

Licht und Finsternis sind ein bekannter Dualismus in der persischen Religion und von hier aus in die alt- und neutestamentliche apokalyptische Literatur eingezogen. Nicht umsonst ist das Licht das erste Schöpfungswerk und die letzte Verheißung, die der Seher Johannes empfängt, ist das Leuchten Gottes über die Seinen (Offenbarung 22,5 – danach folgt nur noch der kanonisierende Buchschluss).

Martin Leuenberger hat – ich habe es oben zitiert – die Leistungsfähigkeit der Metapher von Gott als Sonne damit erklärt, dass sie lebensweltlich anschlussfähig ist. Und er fordert die christliche Theologie auf, „auch und gerade unspektakuläre, aber elementare Alltagserfahrungen des menschlichen Lebens" deutend im Blick zu haben. Deshalb bleibe „die Solarisierung des Wettergottes Jhwh …

---

[186] Glaubenssplitter, 143.
[187] Ebd. S. 229. Auf S. 213 wir Luther zitiert: „Ich kann mir nicht vorstellen, wie einem Menschen zu Sinn sein muss, der ernstlich meint, es gäbe keinen Gott, wo er doch die Sonne aufgehen sieht."

auch für aktuelle Bemühungen um eine angemessene (christliche) Rede von Gott theologisch anregend."[188]

Damit ist natürlich nicht gemeint, dass wir den dreieinigen Gott als Sonnengott anbeten sollen (obwohl ja auch die Identifikation Jesu Christi mit dem Licht in Johannes 8,12 die Motivik aufgreift). Sondern es geht um eine Verkündigung, die den Menschen die wärmende, erhellende Zugewandtheit Gottes vermittelt. Eine Verkündigung, die spüren lässt, wo Gott mein Leben hell macht. Und eine kirchliche (diakonische) Arbeit, die den Menschen, die „im Dunkeln wohnen" auch ganz konkret das „große Licht" bringt (Jesaja 9,1). Was die sprachliche Verkündigung betrifft, mag man sich an Paul Gerhardts „Die güldne Sonne" (EG 449) orientieren: Sie soll „herzerquickend" sein, Menschen „munter und fröhlich" machen. Und der strahlend helle Gott macht Hoffnung darauf, dass nach „Kreuz und Elende" „der Sonne gewünschtes Gesicht leuchtet", so dass „Freude die Fülle" herrscht. (Strofe 12).

Gott macht mein Leben hell – das soll die Kirche vermitteln und leben!

d) Spiritualität

Ein Zug, der die allermeisten authentischen Glaubensaussagen durchzieht, ist der Wunsch, dass der Glaube in meinem Leben spürbar ist. Dazu gehört auch,

---

[188] Martin Leuenberger, Gott, 71.

Erfahrungen in meinem Glauben bzw. Erfahrungen mit
Gott zu machen.

Dies ist die Aufgabe von Spiritualität. Es gibt keine allgemeine oder mehrheitlich anerkannte Definition von Spiritualität[189], der Begriff könnte vielmehr ein „Irrlicht"
sein[190], aber einig dürfte man sich darin sein, dass es bei
Spiritualität um gelebte geistliche Glaubenspraxis geht.
Peter Zimmerling sagt in seinem Handbuch evangelische
Spiritualität in diesem Sinne: „Ich verstehe unter Spiritualität den gelebten Glauben, der die drei Aspekte Glauben, Frömmigkeitsübung und Lebensgestaltung umfasst.
Evangelische, d. h. vom Evangelium geprägte Spiritualität wird dabei durch den Rechtfertigungsglauben sowohl
motiviert als auch begrenzt. Die Erfahrung, durch Gott
gerechtfertigt zu sein, befreit dazu, den Glauben in immer
neuen Formen einzuüben und in der alltäglichen Lebensgestaltung zu bewähren. Umgekehrt bewahrt der Recht-
fertigungsglaube davor, das eigene spirituelle und ethische Streben zu überschätzen."[191] Zu evangelischer Spiritualität kann man das Singen und Bibellesen, das Beten
und den Gottesdienstbesuch, die Mitarbeit oder das Teil-
nehmen an Gruppen und Kreisen zählen, aber z. B. auch
das Meditieren und das Pilgern.

Von daher ist die pauschale Kritik an einer verstärkten
Wahrnehmung von Spiritualität, wie sie Ulrich Körtner

---

[189] So Ulrich Köpf, Art. Spiritualität, 1590.
[190] So Fulbert Steffensky, Schwarzbrot-Spiritualität, 7.
[191] Zitat nach der Buchbesprechung Buchempfehlung von Handbuch
Evangelische Spiritualität, Bd. 3 | OJC (Aufruf 24. Januar 2022).

geäußert hat[192], nicht weiterführend. Vielmehr ist der Spur Fulbert Steffenskys weiter zu folgen, der seit langem für „Schwarzbrot-Spiritualität" wirbt und nicht müde wird, die Kirchen an ihr wertvolles Erbe zu erinnern, das es gilt, immer wieder neu fruchtbar zu machen und auf die Signaturen der Zeit zu beziehen. Dabei erkennt er die Gefahren, an die vielleicht Ulrich Körtner denkt, sehr genau: „In den neuen religiösen Lagen sind die Begriffe Tragik und Sünde unbekannt. Das Sein ist Harmonie und Ganzheit."[193] Nicht umsonst setzt er hiergegen die Worte eines Kirchenliedes, das nach einem Psalm gedichtet wurde: Aus tiefer Not …

Psalmenfrömmigkeit – das werde ich nicht müde zu betonen – weiß um die Unfertigkeit und Angefochtenheit des Menschen; sie weiß darum, dass das Leben Fragment ist und dass wir Menschen immer wieder die Erfahrung von Leid und Schmerz machen. Sie weiß aber eben auch, dass dies alles bei Gott geborgen ist.

Eine Kirche, die an den Fragen und Sehnsüchten ihrer Menschen interessiert ist, praktiziert und wirbt für eine profilierte Spiritualität; sie stellt eine Praxis bereit, die verschiedene Wege hin zu einer hilfreichen Gottesbeziehung eröffnet.

---

[192] S. oben.
[193] Fulbert Steffensky, Schwarzbrot-Spiritualität, 15.

e) Segen

Ich erinnere mich noch gut an meine Kurse in „Liturgischer Präsenz" bei Thomas Kabel; Kurse, die ich während meines Vikariates und in den ersten Amtsjahren besucht habe. Thomas Kabel hat uns Berufs-Anfänger:innen eindringlich erklärt, dass das wichtigste im Gottesdienst der Segen sei – dies habe eine Befragung der Gottesdienstbesucher:innen und Zuschauer:innen von Fernseh-Gottesdiensten damals ergeben. „Wenn ihr streicht und kürzt: nicht beim Segen!", mahnte er eindringlich. Und so haben wir auch das Segnen ausführlich geübt.

Segen[194] ist (vollmächtiger) Zuspruch der helfenden Nähe Gottes. Gott ist Herr des Segens und Subjekt des Segnens, der den Segen spendende Mensch ist Mittler dieses göttlichen Segens. Die ganz große Mehrzahl der biblischen Belege steht im Alten Testament und hier v. a. im Pentateuch und in den Psalmen. Die Inhalte des Segens betreffen Dinge, die wir gewohnt sind, als ganz weltlich anzusprechen: Fruchtbarkeit der Menschen und des Landes; der Besitz des heiligen Landes, Behütung, Ansehen (der große Name in Genesis 12). Mit der Gabe ist aber auch eine Aufgabe verbunden. Das ist daran zu erkennen, dass der Segen oft an Schwellen oder Weggabelungen des Lebens stehen. Man wird für eine Aufgabe gesegnet, z. B. für die Aufgabe, in Zukunft Verantwortung in einer Familie zu tragen, weil der bisherige pater familias stirbt.

---

[194] Zum Folgenden vgl. Klaus Grünwaldt, Segen.

Diese Funktion hat Segen bis heute. Segen wird gespendet zur Taufe, zur Konfirmation (die früher Einsegnung hieß), zur Trauung, aber auch zum Abschied (Aussegnung). In diesen Situationen wird uns zugesprochen, dass wir die Aufgaben und die neuen Herausforderungen, die auf uns zukommen, nicht alleine zu bewältigen brauchen. Gott ist bei uns, er hilft uns bei der Aufgabe.

Christian Grethlein[195] hat darum dafür plädiert, die Kasualien (Taufe, Trauung, Konfirmation und Bestattung) eher unter dem Gesichtspunkt des Segens als von einer christologischen Zuspitzung her zu verstehen und zu praktizieren. Dies hänge auch damit zusammen, dass beim Verständnis der Kasualien eine „Verschiebung von kirchlich zu lebensweltlich begründeten Handlungen beobachten" lasse.[196] Noch stärker wird diese Deutung der Kasualien von Ulrike Wagner-Rau vertreten.[197] Dies bedeutet nicht, dass Jesus Christus beim Vollzug der Kasualien nicht mehr zur Sprache kommt. Es bedeutet aber, dass die lebensweltliche Anknüpfung wahr- und ernstgenommen wird und beim Vollzug als das, was im Augenblick bei den „Betroffenen" obenauf liegt, im Vordergrund steht.

Eine Kirche, die danach fragt, was Menschen an den Schwellen des Lebens erwarten und brauchen: Zuspruch der Begleitung Gottes anlässlich von neuen Herausforderungen, wird darum bei den Taufen, Konfirmationen, Trauungen, Bestattungen – und auch bei anderen

---

[195] Christian Grethlein, Grundinformation.
[196] Christian Grethlein, Grundinformation, 18.
[197] Ulrike Wagner-Rau, Segensraum.

feierlichen Gelegenheiten – das Moment des Segens herausstellen.

f) Ich aber, Herr, hoffe auf dich

Bei der Analyse von Glaubensäußerungen mit Blick auf die Schwelle des Todes ist uns aufgefallen, dass es zwar eine Hoffnung gibt, dass diese Hoffnung aber wenig konkret ist. Es wird etwas von Gott erwartet; was aber genau erwartet wird, wird nicht formuliert.

Darin ähneln diese Aussagen dem, was die Psalmen als Hoffnung über den Tod hinaus formulieren. Hier hoffen Menschen nicht auf *etwas*, sondern auf *einen*: auf Gott. Weil Gott der ist, von dem man schon verschiedentlich Hilfe erfahren hat. Die Menschen wissen und haben es erlebt, dass Gott helfen kann. Darum hoffen sie auf ihn: dass er wieder hilft.

Psalm 16,10-11 sagt:

Du wirst mein Leben nicht dem Totenreich überlassen. Du lässt nicht zu, dass dein Getreuer die Grube schaut. Du lässt mich wissen den Weg des Lebens, Sättigung an Freuden bei deinem Angesicht, Wohnen in deiner rechten Hand immerdar.

Der Beter meint nicht, dass er gar nicht mehr sterben wird. Er erwartet aber einen guten Tod, alt und lebenssatt, wie es der Zusammenhang nahelegt, aus dem die Verse stammen.

Und es gibt eine Gemeinschaft mit Gott, die den Tod überdauert. Wenn Gott mein Leben begleitet, ist es schlicht unplausibel zu denken, dass mit dem Tod die Gemeinschaft mit Gott zu Ende geht.

In Psalm 73,23-26 sagt der Beter zu Gott:

Ich aber bin immer bei dir. Du hast meine rechte Hand gefasst. Durch deinen Rat führst du mich, und mit Ehre wirst du mich wegnehmen. Wen habe ich im Himmel außer dir? Bin ich nicht bei dir, begehre ich nichts auf der Erde. Mögen auch mein Fleisch und mein Herz schwinden, so ist Gott für immer mein Teil.

„Teil" ist das Erbe, das ein Mensch oder eine Familie bekommen, um damit oder darauf zu leben. Hier wird der Gedanke gedacht, dass Gott selbst der Teil des Beters ist, und zwar für immer – über den Tod hinaus.

Einen Schritt weiter geht noch der 49. Psalm, der den Gedanken einer Entrückung aus dem Totenreich aufbringt: *Gott wird mich erlösen aus des Todes Gewalt, denn er nimmt mich auf* (V.16).

Auch wenn in diesen Aussagen noch spezifisch christliche Hoffnungsgüter wie Gericht und Auferstehung fehlen, vermag doch die Vorstellung, über den Tod hinaus in Gottes Hand zu sein, Trost zu geben, weil die Vorstellung, bei Gott zu sein, anschaulicher ist als die Vorstellung der Auferstehung.

Freilich darf die christliche Verkündigung die Hoffnung auf Auferstehung nicht verschweigen.

g) Und Jesus Christus?

Das mag man fragen. Aber es wäre grundfalsch zu meinen, dass die so beschriebene Theologie im Gegensatz zum christlichen Glauben steht.

Denn zum einen ist es Jesus Christus, der uns Nicht-Juden den Weg zum Vater weist, der in den Psalmen angebetet wird.

Zum anderen finden sich in der Jesusüberlieferung wie im übrigen Neuen Testament eine Reihe von theologischen Motiven, die wir als authentische Glaubensäußerungen kennengelernt hatten.

Kernpunkt der Verkündigung Jesu ist die Botschaft vom Reich Gottes – bzw., wenn man den griechischen Begriff *basileia* genau übersetzt: von der Königsherrschaft Gottes. Die Begrifflichkeit vom Königtum Gottes kennen wir aus der Zionstheologie, sie ist offenbar „über Jahrhunderte hinweg, trotz vieler Brüche in Israels Geschichte, das motivische Stratum relativ konstant" geblieben[198]. Jesus nimmt sie wieder auf, wenngleich er sie insofern charakteristisch füllt, als er sie in einer Spannung von Anbruch und ausstehender Vollendung versteht und seine Zeit als Zeit der Zeitenwende erklärt. Diese eschatologische Füllung unterscheidet Jesu Verständnis der Königsherrschaft Gottes vom Selbstverständnis der alttestamentlichen Zionstheologie.

Dieses Verständnis der Königsherrschaft Gottes dient dann als Schlüssel der Verkündigung und des Lebens

---

[198] Jürgen Becker, Jesus von Nazaret, 121.

Jesu. Man kann das an verschiedenen Stellen zur Anwendung bringen.

Als erstes sind die Seligpreisungen Lukas 6,20-23; Matthäus 5,2-12 zu nennen, die programmatisch mit der Zusage beginnen, dass den Armen[199] die Königsherrschaft Gottes „gehört". Den Hungernden wird die Sättigung, den Weinenden Lachen zugesprochen. Diese drei ersten Seligpreisungen gehen wohl direkt auf Jesus zurück.[200] In Aufnahme von prophetischen Heilsworten aus Trito- und Deuterojesaja (Jesaja 61,1-7; 52,4ff) spricht der von Gott Bevollmächtigte den Notleidenden Rettung zu, wie es einst der rettende Gott den Exulanten zugesprochen hatte. Und die Rettung geschieht so, dass Gott selbst in seiner Herrschaft die Not in Fülle verwandeln wird. Ein Grund für Gottes Zuwendung zu den Armen und Leidenden wird nicht genannt – es ist Gottes freies Handeln.

Als zweites können die Exorzismen und Heilungswunder Jesu genannt werden. Mit Blick auf Jesaja 35 schreibt Ulrich Wilckens ganz zu recht: „Auch Heilungen gehören zur alttestamentlich-jüdischen Erwartung des künftigen Errettungshandelns Gottes und der Heilswirklichkeit der Endzeit."[201]

Die Exorzismen bzw. Dämonenaustreibungen zeigen, dass Gott mit seiner Königsherrschaft über die Reiche seiner Widersacher den Sieg behält. Dies wird auch schon in dem Sturz des Satans in Lukas 10,18 sichtbar. Dass der

---

[199] Das „im Geiste" bei Matthäus ist redaktionell, wie die LK-Parallele zeigt, so François Bovon, Lukas 297.
[200] So François Bovon, Lukas, 295; Ulrich Luz, Matthäus, 200 u.a.m.
[201] Ulrich Wilckens, Theologie,139.

für die Endzeit erwartete Sieg über die widergöttlichen Mächte schon zur Zeit Jesu punktuell geschieht, macht die anbrechende Königsherrschaft Gottes sichtbar. „Wenn ich aber durch den Finger Gottes die Dämonen austreibe, so ist ja das Reich Gottes zu euch gekommen." (Lukas 11,20; vgl. Matthäus 12,28 – dort werden die Dämonen durch den *Geist* Gottes ausgetrieben). Mit dem Hinweis auf den Finger Gottes verweist Jesus auf Exodus 8,15: Das Wunder des Mose beim Auszug aus Ägypten; hier erkennen die ägyptischen Wahrsagepriester das von Mose vollbrachte Wunder als Wunder Gottes an.

Wie die Dämonenaustreibungen sind auch die Heilungen durch Jesus Ausdruck der im Anbruch befindlichen Herrschaft Gottes. Heilungen sind insofern ein sprechendes Kennzeichen des Wirkens Gottes in Jesus, als Krankheit mit widergöttlichen Mächten in Verbindung gebracht wird (vgl. z. B. Lukas 4,39). Darüber hinaus macht Jürgen Becker darauf aufmerksam, dass Heilungswunder im Kontext der Gottesherrschaft ein ganzheitliches Menschenbild implizieren. „Gottesherrschaft äußert sich nicht nur in worthafter Proklamation derselben, sondern dreidimensional konkret als Geschehen. Wie die Mahlzeiten Jesu in unmittelbarer Beziehung zum letzten Heilsmahl standen, so muss auch von der Überwindung der körperlichen Unvollkommenheit des Menschen gelten: Indem die Gottesherrschaft, durch Jesus vollzogen, heile Geschöpfe herstellt, wird derjenige geschöpfliche Zustand erreicht, der in direkter Folge als Vollendungszustand der Gottesherrschaft erwartet wird."[202] Heilungen

---

[202] Jürgen Becker Jesus, 221.

stellen zudem die Gemeinschaft wieder her, da Genesene in ihre Dörfer und Familien zurückkehren dürfen.

Schließlich sind die Gleichnisse als Vollzug der Gottesherrschaft anzusprechen. In den Gleichnissen vergegenwärtigt Jesus den in der Gottesherrschaft nahekommenden Gott. Auch wenn die Arbeit von Hans Weder über die Gleichnisse[203] schon etwas älter ist, finde ich seine Deutung der Gleichnisse bis heute überzeugend. Zusammenfassend sagt er: „Die Gleichnisse setzen keine allgemeine Wahrheit über Gott in die Welt; sie machen vielmehr die Nähe Gottes zur Welt zum Ereignis." Im Hören der Gleichnisse erfahren die Hörenden den nahekommenden Gott. So vermitteln die Gleichnisse den Hörenden Heilsgewissheit: Gewissheit des anbrechenden Heils, das sich gewiss weiter vollenden wird.

Und schließlich seien aus den Evangelien zwei Texte genannt, die im Kontext der Taufe von Kindern zur Sprache kommen. Am Ende des Taufbefehls Matthäus 28,18-20 erklingt die Verheißung des Auferstandenen, dass er bei seinen Menschen sein wird „alle Tage, bis ans Ende der Welt." Und im sogenannten Kinderevangelium Markus 10,13-16 wird die Königsherrschaft Gottes denen zugesprochen, die wie Kinder ganz schlicht auf Gott vertrauen.

In der Gewissheit der sich vollendenden Gottesherrschaft dürfen wir die provokante Aufforderung hören, nicht zu sorgen (Matthäus 6,25-34), ein Ausspruch, der größtenteils auf Jesus selbst zurückgeht. „Euer Vater im

---

[203] Hans Weder, Gleichnisse.

Himmel weiß, dass ihr das alles braucht." Angesichts der Nähe Gottes dürfen wir vertrauen. Der Text hält eine Sehnsucht wach, die in den Glaubensäußerungen unserer Gemeinden heute wiederzufinden ist. Kreuz und Auferstehung Jesu sind das „Amen" Gottes unter den Zuspruch der Gottesherrschaft, die im Leben und in der Verkündigung Jesu vollmächtig die Menschen in ein neues Sein ruft.

Literaturverzeichnis

Aktenstück 31 E der 23. Landessynode der Ev.-luth. Landeskirche Hannovers

Albertz, Rainer, Persönliche Frömmigkeit und offizielle Religion, CTM 9, Stuttgart 1978

Albertz, Rainer, Religionsgeschichte Israels in alttestamentlicher Zeit, GAT 8, Göttingen 1992

Assmann, Jan, Ma'at. Gerechtigkeit und Unsterblichkeit im Alten Ägypten, München [2]2006

Augenblicke, Oberes Nagoldtal 2001

Barth, Karl, Die kirchliche Dogmatik I/2, Zürich [4]1948

Becker, Jürgen, Jesus von Nazaret, Berlin 1996

Benne, Simon, Was glauben Sie denn?, HAZ Nr. 301/2021, S. 8

Berlejung, Angelika, Geschichte und Religionsgeschichte des antiken Israel, in: Jan Christian Gertz, Grundinformation Altes Testament, Göttingen 2006, 55-185

Bornkamm, Heinrich (Hg.), Luthers Vorreden zur Bibel, Göttingen 1989

Bovon, François, Das Evangelium nach Lukas (Lk 1,1-9,50), EKK III/1, Zürich/Neukirchen-Vluyn 1989

Bude, Heinz, Gesellschaft der Angst, Hamburg 2014

Bundesverband deutscher Bestatter, Sprüche für Trauerschleifen zum Thema Abschied, https://www.bestatter.de/wissen/beerdigung-und-be-stattung/sprueche-fuer-trauerschleifen/Aufruf 31.01.2022

Busch, Eberhard, Karl Barths Lebenslauf, München ³1978

Die sieben Untugenden der Kirche, Rezension zu Friedrich-Wilhelm Graf, Kirchendämmerung, http://www.evpfalz.de/kirchenbote/in-dex.php?id=46&tx_ttnews%5Btt_news%5D=266&cHash=d77d5ca895da6b118867b5b835776b40 Aufruf 31.01.2022

Dietrich, Walter, Jesaja und die Politik, BevTh 74, München 1976

Diez, Sebastian, „Nun sag, wie hast du's mit den Göttern?". Eine Forschungsgeschichte zu Ps 82, Diplomarbeit Würzburg 2009

Donner, Herbert, Geschichte des Volkes Israel und seiner Nachbarn in Grundzügen, GAT 4, Göttingen ⁴2008

Edelman, Diana V., The Origins of „Second" Temple, London 2005

Eilenberger, Wolfram, Zeit der Zauberer, Stuttgart ²2019

Evangelisches Gottesdienstbuch, Leipzig und Bielefeld 2020

Fechtner, Kristian, Art. Volksfrömmigkeit, TRT (2008) 1239-1241

Fechtner, Kristian, Religiöser Individualismus und Kirche. Praktisch-ekklesiologische Perspektiven im Anschluß an Ernst Troeltsch, in: Ders./Michael Haspel, Religion in der Lebenswelt der Moderne, Stuttgart-Berlin-Köln 1998, 208-226

Feldmeier, Reinhard/Hermann Spieckermann, Der Gott der Lebendigen, TBT 1, Tübingen 2011

Fermor, Gotthard / Reinhard Schmidt-Rost (Hg.), Glaube gefragt, Rheinbach-Merzbach 2002

Fermor, Gotthard / Reinhard Schmidt-Rost (Hg.), Mein Paradies, Rheinbach-Merzbach 2006

Geo Wissen Nr. 48 (2011): Was die Seele stark macht

Geo Wissen Nr. 53 (2014): Was gibt dem Leben Sinn?

Görg, Manfred, Josua, NEB Lfg. 26, Würzburg 1991

Gräb, Wilhelm, Predigtlehre, Göttingen 2013

Graf, Friedrich Wilhelm, Kirchendämmerung. Wie die Kirchen unser Vertrauen verspielen, München 2011

Grethlein, Christian, Grundinformation Kasualien, UTB 2919, Göttingen 2007

Grünwaldt, Klaus, Auge um Auge, Zahn um Zahn. Das Recht im Alten Testament, München 2002

Grünwaldt, Klaus, Da sprach Gott: Licht werde! Licht in der Bibel, in: Für den Gottesdienst 89 (2019), 13-19

Grünwaldt, Klaus, Exil und Identität, BBB 85, Frankfurt/M. 1992

Grünwaldt, Klaus, Predigtmeditation zu Psalm 46, in: Jochen Arnold / Fritz Baltruweit / Katrin Oxen (Hg.), Reformation erinnern, predigen und feiern, ggg 28, Hannover 2016, 606-614

Grünwaldt, Klaus, Segen im Alten Testament, in: Jochen Arnold u. a., Behütet auf dem Weg, ggg 23, Hannover 2014, 26-38

Grünwaldt, Klaus, Wo Gott mir nahekommt. Kirche in der Freizeit, Neukirchen-Vluyn 2014

Gunkel, Hermann/Joachim Begrich, Einleitung in die Psalmen, HK II, Erg.-Bd., Göttingen 1933

Härle, Wilfried, Dogmatik, Berlin 2000

Halik, Tomas, Glaube und sein Bruder Zweifel, Freiburg – Basel – Wein 2017

Hasselhorn, Benjamin, Das Ernsthaftigkeitsdefizit, https://www.tagesspiegel.de/gesellschaft/glauben-heute-das-ernsthaftigkeitsdefizit/24240114.html/ Aufruf 17.08.2021

Hebräisches und aramäisches Lexikon zum Alten Testament, Leiden 1967-1995

Herrlich bunt, Bad Gandersheim 2002

Hossfeld, Frank-Lothar / Erich Zenger, Die Psalmen. Psalm 51-100, NEB Lfg. 40, Würzburg 2000, 415

Huber, Wolfgang, Kirche in der Zeitenwende, Gütersloh 1998

Janowski Bernd, Die „kleine Biblia". Der Psalter als Gebetbuch Israels und der Kirche, in: Beten, JBTh 32 (2017), Neukirchen-Vluyn 2019, 3-25

Janowski, Bernd, Anthropologie des Alten Testaments, Tübingen 2019

Janowski, Bernd, Die rettende Gerechtigkeit. Aufsätze zum Alten Testament Bd. 2, Neukirchen-Vluyn 1999

Janowski, Bernd, JHWH und der Sonnengott, in: Ders., Die rettende Gerechtigkeit, Neukirchen-Vluyn 1999, 192-219

Janowski, Bernd, Rettungsgewißheit und Epiphanie des Heils, MWANT 59, Neukirchen-Vluyn 1989

Jeremias, Jörg, Das Königtum Gottes in den Psalmen, FRLANT 141, Göttingen 1987

Jeremias, Jörg, Die Propheten Joel, Obadja, Jona, Micha, ATD 24,3, Göttingen 2007

Keel, Othmar, Jerusalem und der eine Gott, Göttingen 2011

Keel, Othmar / Silvia Schroer, Schöpfung, Göttingen 2002

Keel, Othmar / Christoph Uehlinger, Göttinnen, Götter und Gottessymbole, QD 134, Freiburg 1992

Kirchenamt der EKD (Hg.), Kirche der Freiheit, Hannover 2006

Kirchenamt der EKD (Hg.), Taufe. Entwurf zur Erprobung. Taufbuch für die Union evangelischer Kirchen in der EKD. Agende III/1 der VELKD, Hannover o. J.

Kling-Witzenhausen, Monika, Was bewegt Suchende? Leutetheologien – empirisch-theologisch untersucht, Praktische Theologie heute 176, Stuttgart 2020

Koch, Klaus, Gibt es ein Vergeltungsdogma im Alten Testament (1955), in: Ders., Spuren hebräischen Denkens, Neukirchen-Vluyn 1991, 65-103

Köpf, Ulrich, Art. Spiritualität I., RGG[4], 7, Tübingen 2004, 1589-1591

Körting, Corinna, Zion in den Psalmen, FAT 48, Tübingen 2006

Körtner, Ulrich H. J., Gottesglaube und Religionskritik, Leipzig 2014

Körtner, Ulrich H. J., Theologie des Wortes Gottes, Göttingen 2001

Kraus, Hans-Joachim, Theologie der Psalmen, BK XV/3, Neukirchen-Vluyn 1979

Kügler, Joachim, Art. Gerechtigkeit, HGANT, Darmstadt [5]2016

Lauber, Stephan, Art. Sonne, wibilex http://www.bibelwissenschaft.de/stichwort/30046/, Zugriff 29.12.2020

Lauster, Jörg im Gespräch mit Andreas Main, Nicht für Wellness zuständig, https://www.deutschlandfunk.de/liberale-theologie-und-kirche-nicht-fuer-wellness-zustaendig.886.de.html?dram:article_id=430920 Aufruf: 16.08.2021

Leuenberger, Martin, Gott in Bewegung, FAT 76, Tübingen 2011. Sonderausgabe 2016

Lichtenstein, Michael, Von der Mitte der Gottesstadt bis ans Ende der Welt. Psalm 46 und die Kosmologie der Zionstradition, WMANT 139, Neukirchen-Vluyn 2014

Lieder-Archiv, Art. Ignaz Franz, Biografie Ignaz Franz | Alojado Lieder-Archiv, Aufruf 07.01.2022

Liturgische Konferenz (Hg.), Kirchgangstudie 2019

Lohse, Bernhard, Luthers Theologie, Göttingen 1995

Luz, Ulrich, Das Evangelium nach Matthäus (Mt 1-7), EKK I/1, Zürich/Neukirchen-Vluyn 1985

Markl, Dominik, Art. Adoni-Zedek, wibilex https://www.bibelwissenschaft.de/wibilex/das-bibellexikon/lexikon/sachwort/anzeigen/details/adoni-zedek/ch/aea5d43d52bbcbf84b111d22cd4460f4/ Aufruf 23.12.2020

Maul, Stefan M., Der assyrische König – Hüter der Weltordnung, in: Jan Assmann/Bernd Janowski/Michael Welker (Hg.), Gerechtigkeit, München 1998, 65-77

Mein Taufspruch. Die 10 beliebtesten Bibelverse, Mein Taufspruch: Die 10 beliebtesten Bibelverse | evangelisch.de Aufruf 31.01.2022

Meyer zu Hörste-Bührer, Raphaela J., Die Religion des Menschen vor Gott, in: Marco Hofheinz / Dies., (Hg.),

Theologische Religionskritik, Forschungen zur reformierten Theologie 1, Neukirchen-Vluyn 2014, 91-102

Nordheim-Diehl, Miriam von, Art. Melchisedek, wibilex https://www.bibelwissenschaft.de/wibilex/das-bibelle-xikon/lexikon/sachwort/anzeigen/details/melchisedek-1/ch/43f7ca0e774a69b5193979e7d2b513f7/#h1 Aufruf 23.12.2020

Paganini, Simone und Annett Giercke-Ungermann, Art. Zion/Zionstheologie in wibilex https://www.bibelwis-senschaft.de/fileadmin/buh_bibelmodul/me-dia/wibi/pdf/Zion_Zionstheologie__2018-12-03_21_50.pdf Aufruf 30.09.2020

Rad, Gerhard von, Typologische Auslegung des Alten Testaments, in: Ders., Gesammelte Studien zum Alten Testament II, München 1973, 272-288

Rad, Gerhard von, Weisheit in Israel, Neukirchen-Vluyn 1970

Römer, Thomas, Die Erfindung Gottes, Darmstadt 2018

Rosa, Hartmut, Resonanz, Berlin 2016

Rosa, Hartmut, Unverfügbarkeit, Salzburg / Wien 2018

Roth, Michael, Zum Glück, Gütersloh 2011

Scheliha, Arnulf von, Dogmatik, „ihre Zeit in Gedanken gefasst"? Die dogmatische Aufgabe zwischen historischer Kritik und christologischer Gegenwartsdeutung, in: Hermann Deuser / Dietrich Korsch (Hg.), Systematische Theologie heute. Zur Selbstverständigung einer Disziplin, VWGTh 23, Gütersloh 2004, 60-84

Schmid, Hans Heinrich, Gerechtigkeit als Weltordnung, BHTh 40, Tübingen 1968 Auge um Auge, Zahn um Zahn? Das Recht im Alten Testament, München 2002

Schmid, Wilhelm, Glück, Frankfurt [13]2014

Schmidt, Werner H., Das Buch Jeremia Kapitel 1-20, ATD 20, Göttingen 2008

Schnocks, Johannes, Psalmen, utb 3473, Paderborn 2014

Seebass, Horst, Herrscherverheißungen im Alten Testament, BThSt 19, Neukirchen-Vluyn 1992

Seyfried, Friederike (Hg.), Im Licht von Amarna, Petersberg 2012

Spieckermann, Hermann, „Barmherzig und gnädig ist der Herr ...", in: Ders., Gottes Liebe zu Israel, FAT 33, Tübingen 2004, 3-19

Spieckermann, Hermann, Heilsgegenwart. Eine Theologie der Psalmen, FRLANT 148, Göttingen 1989

Steffensky, Fulbert, Schwarzbrot-Spiritualität, Stuttgart 2006

Stendebach, F. J., Art. Schalom, ThWAT VIII, 1995, 11-46

Stolt, Birgit, Martin Luthers Rhetorik des Herzens, utb 2141, Tübingen 2000

Tesche, Thorsten, Nachtodvorstellungen in Deutschland heute, Diss. München 2015

Trauspruch. Die 12 beliebtesten Bibelverse, Trauspruch: Die 12 beliebtesten Bibelverse | evangelisch.de Aufruf 31.01.2022

TUAT: Texte aus der Umwelt des Alten Testaments, Gütersloh 1982-1985. Sonderausgabe Darmstadt 2019

Utsch, Michel, Spiritualität, Evangelische Zentralstelle für Weltanschauungsfragen - Zeitschrift für Religion und Weltanschauung. Materialdienst der EZW - Spiritualität (ezw-berlin.de) Aufruf 02.02.2022

Wagner, Falk, Zur gegenwärtigen Lages des Protestantismus, Gütersloh [2]1995

Wagner-Rau, Ulrike, Segensraum, Stuttgart [2]2008

Weder, Hans, Die Gleichnisse Jesu als Metaphern, FRLANT 120, Göttingen [2]1980

Welcher Spruch passt zur Konfirmation? Die 12 beliebtesten Bibelverse, Die 12 beliebtesten Bibelverse | evangelisch.de Aufruf 31.01.2022

Wie macht man das mit dem Glauben? Buchempfehlung: Peter Zimmerling (Hg.), Handbuch evangelischer Spiritualität Band 3, Göttingen 2020 Buchempfehlung von Handbuch Evangelische Spiritualität, Bd. 3 | OJC Aufruf 31.01.2022

Wikipedia, Ontologische Sicherheit – Wikipedia Aufruf 30.11.2021

Wilckens, Ulrich, Theologie des Neuen Testaments I/1, Neukirchen-Vluyn 2002

Wildberger, Hans, Jesaja, BK X Lfg. 1, Neukirchen-Vluyn 1965

Wir sind's, Bad Vilbel 2000

Wolter, Michael, Paulus, Neukirchen-Vluyn 2011

Zimmerli, Walther, Ezechiel 1-24, BK.AT XIII/1, Neukirchen-Vluyn ²1979